KB252745

노란봉투법
100문 100답

# 노란봉투법 100문 100답

2026년  3월  5일  초판  인쇄
2026년  3월 12일  초판  발행

지 은 이 ┃ 이원희, 김우탁
발 행 인 ┃ 오연관
발 행 처 ┃ 삼일피더블유씨솔루션
등 록 번 호 ┃ 1995.6.26. 제3-633호
주      소 ┃ 서울특별시 용산구 한강대로 273 용산빌딩 4층
전      화 ┃ 02)3489-3100
팩      스 ┃ 02)3489-3141
가      격 ┃ 20,000원

ISBN   979-11-6784-509-2    03320

2026년 3월 10일부터 현장에서 바로 활용되어야 할
노란봉투법의 체계적 해설서

# 노란봉투법

## 100문 100답

이원희 · 김우탁 지음

SAMIL | 삼일인포마인

2026년 3월 10일부터 시행되는 개정 노조법<sup>이른바「노란봉투법」</sup>으로 인하여 2026년도는 우리나라 노사관계에 있어서 근본적인 패러다임이 바뀌는 해가 될 것이다.

「노란봉투법」의 핵심 쟁점은 아래와 같이 3가지로 요약할 수 있다.

첫째, 신설된 노조법 제2조 제2호 후단, 즉 "사용자"의 개념을 확대하여, "근로계약체결 당사자가 아니더라도 근로조건에 대하여 「실질적·구체적 지배력」이 인정된다면 「그 범위에 있어서」 원청 사업주도 하청노조에 대하여 사용자로 본다"라고 규정하여 원청 사업주도 '특정 근로조건'에 대해서는 하청노조에 대하여 단체교섭의무가 있다는 것인 바 여기서 「실질적·구체적 지배력」 기준을 누가 어떻게 정할 것인지 여부이다.

둘째, 원청 사업주가 「특정 근로조건 <sub>교섭의제</sub>」에 대해서 하청노조에 대하여 단체교섭의무가 있다고 할 경우, 「특정 근로조건 <sub>교섭의제</sub>」을 누가 어떻게 정할 것인지, 원·하청 노조간 교섭단위 분리 또는 하청노조간 교섭단위 분리의 기준이 무엇인지, 교섭단위가 분리된 하청노조 간 교섭창구단일화 범위를 어떻게 정할 것인지 여부이다.

셋째, 노조법 제2조 제2호 「노동쟁의」의 개념과 관련하여 노동3권의 범위를 판단하는 것이 중요한데 종전에는 "「노동쟁의」란, '근로조건의 결정에 관한 주장의 불일치'로 인하여 발생한 분쟁상태"라고만 규정하였으나, 개정노조법에서는 "「노동쟁의」란, ' 기존 근로조건 뿐 아니라  근로조건에 영향을 미치는 사업경영상의 결정에 관한 주장의 불일치'로 인하여 발생한 분쟁상태"라고, 확대 규정함으로써 노동3권의 범위도 확대된 바 여기서 「근로조건에 영향을 미치는 사업경영상의 결정」이 무엇인가 하는 것이다.

위와 같이 2026년 3월 10일부터 시행되는 개정노조법 이른바 「노란봉투법」 은 「실질적·구체적 지배력」, 「특정 근로조건 교섭의제 」, 「근로조건에 영향을 미치는 사업경영상의 결정」 등에 대한 판단기준, 나아가 원청회사와 하청노조 간 단체교섭을 어떻게 할 것인지에 대해 법률에 직접 명시하거나 하위법령에 위임근거 규정을 두지 않아 많은 우려와 혼란을 낳고 있다.

그러나 현행 근로기준법 제23조 해고 등의 제한  제1항에도 "사용자는 근로자에게 「정당한 이유」 없이 해고, 휴직, 정직, 전직, 감봉, 그 밖의 징벌 懲罰 이하 "부당해고등"이라 한다 을 하지 못한다"고 규정하고 있을 뿐 여기서 「정당한 이유」가 무엇인지에 대해서는 그동안 축적된 노동위원회 결정과 판례를 통해 정리되었고 향후에도 정리되어 갈 것이다. 「직장 내 괴롭힘 행위」와 「부당노동행위」 등의 경우도 마찬가지였다.

개정노조법 이른바 「노란봉투법」에도 위에서 언급한 바와 같이 추상적 개념 규정으로 인하여 초기에는 많은 우려와 혼란이 예상되지만 시간이 흘러갈수록 노동위원회 결정과 판례 등이 축적됨에 따라 그 내용들이 정리되어 갈 것이다.

이번 〈노란봉투법 100문100답〉에서 개정노조법 이른바 「노란봉투법」에 대한 우려와 혼란을 다소나마 줄이기 위해 관련되는 법령 및 기존 노동위원회 결정과 판례를 빈틈없이 소개하였으며, 2026년 2월 27일 고용노동부가 발표한 "개정노동법 해석지침" 및 "원·하청 상생교섭절차 매뉴얼"을 전면 반영하였다.

끝으로 〈노란봉투법 100문100답〉 발간에 많은 도움을 주신 삼일피더블유씨솔루션 관계자 여러분들께 깊은 감사를 드립니다.

2026년 3월

노무법인 가교 대표 공인노무사 **이원희**
노무법인 원 대표 공인노무사 **김우탁**

# '노란봉투법' 이해를 위한 노동법 해석원리

## 「노란봉투법」 (노조법 제2조·제3조 개정법) 개요



## 하청노조에 대해 단체교섭의무를 지는 사용자 요건

PART **4**

# 원청의 하청노조에 대한 단체교섭 범위(교섭의제)

# 원청 사업주와 하청노조간 단체교섭 절차

# 「노동쟁의」 개념 확대 (노조법 제2조 제5호 개정)

# 불법파업 시 손해배상책임 제한

PART 1

# '노란봉투법' 이해를 위한 노동법 해석원리

## 〈노란봉투법 이해를 위한 관련 노동법률〉

**근로기준법 제97조【위반의 효력】** 취업규칙에서 정한 기준에 미달하는 근로조건을 정한 근로계약은 그 부분에 관하여는 무효로 한다. 이 경우 무효로 된 부분은 취업규칙에 정한 기준에 따른다.

**근로기준법 제96조【단체협약의 준수】** ① 취업규칙은 법령이나 해당 사업 또는 사업장에 대하여 적용되는 단체협약과 어긋나서는 아니 된다.
② 고용노동부장관은 법령이나 단체협약에 어긋나는 취업규칙의 변경을 명할 수 있다.

**노동조합법 제33조【기준의 효력】** ① 단체협약에 정한 근로조건 기타 근로자의 대우에 관한 기준에 위반하는 취업규칙 또는 근로계약의 부분은 무효로 한다.
② 근로계약에 규정되지 아니한 사항 또는 제1항의 규정에 의하여 무효로 된 부분은 단체협약에 정한 기준에 의한다.

**헌법 제33조 제1항【노동3권】** 근로자는 근로조건의 향상을 위하여 자주적인 단결권·단체교섭권 및 단체행동권을 가진다.

**노동조합법 제1조【목적】** 이 법은 헌법에 의한 근로자의 단결권·단체교섭권 및 단체행동권을 보장하여 근로조건의 유지·개선과 근로자의 경제적·사회적 지위의 향상을 도모하고 노동관계를 공정하게 조정하여 노동쟁의를 예방·해결함으로써 산업평화의 유지와 국민경제의 발전에 이바지함을 목적으로 한다.

**노조법 제45조【조정의 전치】** ① 노동관계 당사자는 '노동쟁의'가 발생한 때에는 어느 일방이 이를 상대방에게 서면으로 통보하여야 한다.
② 쟁의행위는 제5장제2절 내지 제4절의 규정에 의한 조정절차(제61조의2의 규정에 따른 조정종료 결정 후의 조정절차를 제외한다)를 거치지 아니하면 이를 행할 수 없다.

**노조법 제37조【쟁의행위의 기본원칙】** ① 쟁의행위는 그 목적·방법 및 절차에 있어서 법령 기타 사회질서에 위반되어서는 아니된다.

# 01

## 노동법 해석의 3대 기본원리 중
## <상위규범우선의 원칙>은

① 근로자의 근로조건을 규율하는 규범은 법령, 단체협약, 취업규칙, 근로계약, 노동관습 등이 있는 바, 〈상위규범우선의 원칙〉이란, 하위규범에서 정한 근로조건이 상위규범에 정한 기준에 미달하는 경우에는 그 부분에 한하여 무효가 된다. 하위규범에 정한 근로조건이 상위규범에 정한 기준에 미달하여 무효로 된 경우 당해 근로조건은 상위규범에 정한 기준에 의한다. 예를 들면, 최저임금법상 2026년도 최저시급은 10,320원인데, 근로계약으로 10,000원으로 체결하였다면, 최저시급과의 차액 320원은 무효로 되고 당연히 10,320원이 된다는 의미이다.

② 또한 근로계약은 당사자간 합의하더라도 법에 위반할 수 없는 바, 법령상 허용사유없이 임의로 퇴직금을 중간정산하기로 합의한다든지, 법정 주당연장근로시간 12시간 을 초과하여 근로하기로 합의한다든지 하는 것은 근기법 위반으로 무효가 됨과 동시에 형사처벌의 대상이 될 수도 있다.

## 02

# 노동법 해석의 3대 기본원리 중<br><유리조건우선의 원칙>은

　1. 근로조건을 규율하는 법령, 단체협약, 취업규칙, 근로계약 중 근로자에게 유리한 근로조건이 우선적으로 적용된다. 예를 들면, 근기법에서는 연장근로수당은 통상임금의 50%이상을 가산하여 지급하도록 규정하고 있으나, 취업규칙 또는 근로계약으로 100%가산하여 지급하기로 할 경우, 가산수당은 100%가 되는 것이다.

　2. 연령차별금지및고령자고용촉진법 제19조에서 정년을 60세 이상으로 정하고 있으나, 노사 합의로 정년을 63세로 정하였다면 유리조건 규범 우선의 원칙에 따라 정년은 63세가 되는 것이다.

# 03

# 노동법 해석의 3대 기본원리 중
# <유리조건우선원칙의 예외>는

1. 단체협약의 근로조건이 취업규칙보다 더 유리한 수준으로 정해져 오던 중 단체협약의 근로조건을 취업규칙보다 낮은 수준으로 변경할 경우, 노동조합의 새로운 단체협약 체결행위를 취업규칙 변경행위로 보아야 하므로 단체협약의 내용이 곧바로 취업규칙의 내용이 되어 종전 취업규칙의 근로조건은 효력이 없다는 것이다. 예를 들어, 단체협약과 취업규칙에 상여금을 600%로 정하여 오던 중 회사의 경영난을 해소하고자 노동조합이 단체협약으로 상여금을 폐지하기로 하였다면 취업규칙상 상여금 600%는 효력이 없는 것이다.

2. 단협이 불리하게 개정되었는데 종전의 단협과 동일한 내용의 취업규칙이 그대로 적용되면 단협개정의 목적을 달성할 수 없다. 그러므로 개정된 단협에는 당연히 취업규칙상의 유리한 조건의 적용을 배제하고 우선적으로 적용된다는 합의가 포함된 것이다 대법 2002.12.27., 2002두 9063 .

**04**

# 노동3권 보장의 목적인 단체협약은 무엇이며, 어떤 기능을 하는지

1. 단체협약은 노동조합과 사용자가 임금, 근로시간 기타의 사항에 대하여 단체교섭과정을 거쳐 합의한 사항을 서면으로 작성하여 당사자 쌍방이 서명 또는 날인한 협정을 말하는 것으로, 노조법 제33조에 의하여 사용자와 개별 근로자 사이의 근로계약을 규율하는 규범적 또는 채무적 효력을 가진다.

2. 단체협약에 위반되는 취업규칙·근로계약의 부분은 무효가 되는 등 근로자의 근로조건을 향상시키고 근로자간의 "근로조건을 통일"시키는 기능을 한다.

3. 또한, 단체협약을 체결하는 과정에서는 당사자간에 분쟁이 발생할 수 있으나 체결된 후에는 그 유효기간 동안 노사관계를 안정시키고 산업평화를 보장하는 기능을 한다. 따라서, 단체협약에는 그 유효기간 동안 협약으로 결정한 사항의 변경을 요구하는 쟁의행위를 하지 않는다는 "평화의무"가 당연히 내재한다.

# 단체협약의 당사자와 체결 권한

「단체교섭의 당사자」는 단체교섭을 자신의 이름으로 행하고 그 법적 효과가 귀속되는 주체를 의미하며 단체협약을 체결할 수 있는 자는 근로자 단체, 협의의 사용자 또는 사용자 단체 등이다. 노조법에서는 노동조합의 대표자는 그 노동조합 또는 조합원을 위하여 사용자나 사용자단체와 교섭하고 단체협약을 체결할 권한을 가진다고 규정하고 있다(노조법 제29조 제1항). 복수노조의 경우 교섭대표노동조합의 대표자가 교섭을 요구한 모든 노동조합 또는 조합원을 위하여 사용자와 교섭하고 단체협약을 체결할 권한을 가지고(노조법 제29조 제2항), 교섭 또는 단체협약의 체결에 관한 권한을 위임받은 자는 위임받은 범위 안에서 그 권한을 행사할 수 있다(노조법 제29조 제3항). 단체교섭의 당사자는 교섭을 현실적으로 진행하는 자인 단체교섭의 담당자와는 구별됨에 주의하여야 한다.

## 1. 근로자 측 교섭당사자

근로자 측의 교섭당사자는 대외적 자주성 및 통일적 의사형성의 기능 그리고 단체성이 있어야 한다. ① 단위노조는 당연히 근로자 측의 교섭당사자로 인정된다. ② 연합단체도 단위노조로부터 교섭권 위임을 받은 경우에는 그 단위노조를 대신하여 교섭권을 갖는다. ③ 단위노동조합의 지부·분회는 노동조합 또는 독자적 근로자단체가 아니라는 점에서 독자적인 교섭의 당사자가 될 수 있는지 견해가 대립한다. 그러나 대법원 판례는 단위노조의 지부나 분회도 독자적인 규약 및 집행기관을 가지고 독립된 단체로서 활동하는 경우에는 당해 조직에

특유한 사항에 대하여 단체교섭의 당사자가 될 수 있다고 판단하였다
(대법 2000도4299, 2001.2.23.).

## 2. 사용자측 교섭당사자

단체교섭의 당사자인 사용자는 법률효과가 귀속되는 주체이므로
사업주가 이에 해당한다. 대법원 판례도 단체교섭의 당사자로서 사용
자는 원칙적으로 근로계약관계를 맺고 있는 자라고 판단하였다(대법 95
누3565, 1995.12.22.). 국가의 행정관청이 사법상 근로계약을 체결한 경우
근로계약관계의 권리와 의무는 행정주체인 국가에 귀속되므로 국가
는 그러한 근로계약관계에 있어서 사업주로서 단체교섭의 당사자의
지위에 있는 사용자에 해당한다(대법 2006다40935, 2008.9.11.).

반면 하급심 판례는 단체교섭의 당사자로서의 사용자라 함은 근로
계약관계의 당사자로서의 사용자에 한정하지 않고 비록 근로계약관
계의 당사자가 아니라고 하더라도 단체교섭의 대상이 되는 근로조건
에 관한 사항의 전부 또는 일부에 관하여 그 근로자를 고용한 사업주
로서의 권한과 책임을 일정부분 담당하고 있다고 볼 정도로 실질적이
고 구체적으로 지배·결정할 수 있는 지위에 있으면 단체교섭의 당사
자로서 사용자에 해당한다(대전지법2011카합782, 2011.10.6.)고 하여 사용자
의 범위를 확장하여 인정하였다. 사용자단체는 노동관계에 관하여 그
구성원인 사용자에 대하여 조정 또는 규제할 수 있는 권한을 가진 사
용자의 단체를 의미한다.

## 05

# 「노동쟁의」란

"노동쟁의"라 함은 노동조합과 사용자 또는 사용자단체 <sup>이하 "勞動關係 當事者"라 한다</sup> 간에

① 임금·근로시간·복지·해고·근로자 지위 기타 대우등 근로조건의 결정 <sup>'이익분쟁')</sup>과

② 근로조건에 영향을 미치는 사업경영상의 결정에 관한 주장의 불일치 <sup>'이익분쟁')</sup>[1] 및

③ 제92조 제2호 가목부터 라목까지의 사항에 관한 사용자의 명백한 단체협약 위반[2]으로 인하여 발생한 분쟁상태 <sup>'권리분쟁')</sup>를 말한다.

---

1) 개정 노조법에서 추가한 사항이다.
2) 개정 노조법에서 추가한 사항이다.

# 2026.3.10. 개정 이전(以前) 노동쟁의의 의미

## 1. 의의

개정 전 「노조법」에서 「노동쟁의」라 함은 노동조합과 사용자 또는 사용자단체 간에 임금·근로시간·복지·해고 기타 대우 등 근로조건의 결정에 관한 주장의 불일치로 인하여 발생한 분쟁상태를 의미한다고 규정하였다. 이 경우 주장의 불일치라 함은 당사자 간에 합의를 위한 노력을 계속하여도 더 이상 자주적 교섭에 의한 합의의 여지가 「없는」 경우를 의미한다(노조법 제5호). 노동관계 당사자는 개별근로자와 사용자 간의 관계가 아니라 노동조합과 사용자(또는 사용자 단체)간의 집단적 관계를 의미함에 주의하여야 한다. 노동관계 당사자가 근로조건의 결정에 관한 사항에 대하여 교섭을 하였으나 합의에 이르지 못하고 교섭이 결렬되는 경우 이러한 분쟁을 평화적으로 해결하기 위해 노동위원회의 조정을 거치게 하고 있는데, 노동위원회가 조정하는 대상이 바로 「노조법상의 노동쟁의[3)]」이다.

## 2. 노동쟁의(조정)의 대상

(1) 근로조건의 결정에 관한 사항

「노동쟁의의 대상」은 단체교섭 대상 중 「의무적 교섭사항」으로 한정되며, 임금·근로시간·복지·해고 기타 대우 등 근로조건의 결정에 관한 사항이 이에 해당된다. 따라서 근로조건 이외의 사항에 관한 노동관계 당사자 사이의 주장의 불일치로 인한 분쟁상태는 근로조건의

---

3) labor dispute

결정에 관한 분쟁이 아니므로 현행법상의 노동쟁의라고 할 수 없다(대법 2001두4818, 2003.7.25.).

(2) 주장의 불일치로 인하여 발생한 분쟁상태

「주장의 불일치」란 노동관계 당사자 간의 단순한 견해 차이가 아닌 더 이상의 교섭을 진행하더라도 합의의 여지가 없는 상태를 말한다. 당사자 간에 합의를 위한 노력을 계속하여도 더 이상 자주적 교섭에 의한 합의의 여지가 없는 경우가 이에 해당한다.

# 06

# 노동3권, 노동쟁의, 단체협약 간에는 상호관련성을 가지고 있는지

1. 단결권·단체교섭권·단체행동권을 연속선상에 있는 것으로 보고 그 중심을 단체교섭권에 두면서 단체교섭의 범위는 근로조건에 한정하는 입장이다. 이는 미국 연방노동관계법 제8조 d "교섭사항의 일반적 기준으로 임금, 근로시간 기타의 근로조건 또는 단체협약의 교섭이나 이로 인하여 발생하는 문제"라고 하면서 이 기준을 바탕으로 교섭사항을 의무적 교섭사항, 임의적 교섭사항, 불법적 또는 금지적 교섭사항으로 분류하고 있고 여기서 의무적교섭사항만이 교섭거부시 부당노동행위 해당, 결렬시 쟁의행위의 정당성을 인정받게 되고, 단체협약 체결시 규범적 효력을 가지게 된다.

단체교섭대상(의무적교섭사항) ➜ 교섭거부시 부당노동행위 성립(의무적교섭사항) ➜
노동쟁의 조정대상(근로조건결정 및 근로조건에 영향을 미치는 경영상 결정에 관한 주장의 불일치) ➜
쟁의행위 목적의 정당성(근로조건 향상) ➜ 단체협약(규범적 부분) ➜ 강행적 효력 ➜
단체협약위반시 형사처벌 ➜ 무협약 상태시 단체협약규정 효력지속

2. 우리나라 대법원 판례의 입장

"근로자의 쟁의행위가 정당성을 갖추기 위하여는, 그 주체가 단체교섭이나 단체협약을 체결할 능력이 있는 노동조합이어야 하고, 그 목적

이 근로조건의 향상을 위한 노사간의 자치적 교섭을 조성하기 위한 것이어야 하며, 그 목적이 '근로조건의 향상을 위한 노사간의 자치적 교섭을 조성하기 위한 것'이라 함은 그 쟁의에 의하여 달성하려는 요구사항이 단체교섭사항이 될 수 있는 것을 의미한다" 대법 1994.9.30, 94다4042 고 하여 노동3권, 노동쟁의 간에 상호관련성을 인정하는 입장을 취하고 있다.



## 교섭대상의 3분법

단체교섭의 대상에 대하여 노조법에서 명시적으로 규정하고 있지 않으나, 일반적으로 사용자에게 교섭의무가 있는 ① 의무적 교섭사항, 의무적 교섭사항은 아니지만 사용자가 처분할 수 있고 강행법규나 사회질서에 반하지 않아 당사자 간 합의한 이상 구속력을 갖는 ②임의적 교섭사항 그리고 사용자가 처분할 수 있는 권한을 갖지 않는 사항 또는 강행법규나 사회질서에 위반되는 사항으로 합의를 하더라도 무효가 되는 ③불법적(금지적) 교섭사항으로 크게 구분된다.

### 1. 의무적 교섭사항

「의무적 교섭사항」에 관하여는 노동조합이 단체교섭을 신청하는 경우에 사용자 측은 이에 성실하게 응할 의무가 있고 이를 거부할 경우 쟁의행위의 정당한 목적으로 인정되는 사항이다. 이처럼 사용자에게 교섭의무가 있는 사항을 의무적 교섭사항이라 하는데, 노동조합이 의무적 교섭사항에 대하여 교섭을 요구하는 경우에 사용자가 정당한 이유 없이 교섭을 거부할 경우 ① 부당노동행위가 성립한다. 사용자의

단체교섭 거부가 지속될 경우 ② 노동쟁의 조정 신청과 ③ 쟁의행위가
가능하다. 의무적 교섭사항에 해당하는 대표적인 사항으로서 임금,
근로시간, 휴일, 휴가, 재해보상, 안전과 보건 등 「근로조건의 결정」에
관한 사항 등이 있다.

## 2. 임의적 교섭사항

「임의적 교섭사항」이라 함은 사용자에게 교섭의무는 없지만 임의로
교섭에 응하는 사항을 의미한다. 임의적 교섭사항의 경우 단체협약을
체결한 경우에 한하여 구속력이 발생하지만 쟁의행위의 정당한 목적
으로는 인정되지 않는다(노조 68107-33, 2002.1.12.). 또한 임의적 교섭사항
은 교섭을 거부하거나 해태하더라도 부당노동행위가 성립하지 않으
며 그 대상사항에 대하여 단체교섭이 결렬되더라도 노동쟁의 조정 및
쟁의행위를 할 수 없다. 임의적 교섭사항에 해당하는 대표적인 사항
으로서 노동조합 활동에 관한 사항, 조합비 공제 및 노조전임자에 관
한 사항 등 집단적 노사관계에 관한 사항 등이다.

## 3. 불법적(금지적) 교섭사항

「불법적(금지적) 교섭사항」은 사용자가 처분할 수 없는 사항, 강행법규
나 공서양속에 위반되는 사항으로 단체교섭의 대상이 될 수 없으며
그러한 사항에 대하여 단체협약을 체결하였다 하더라도 그 부분은 무
효이다. 금지적 교섭사항에 해당하는 것은 법에서 금지하고 있는 노
동조합에 대한 경비원조, 세금의 감면, 퇴직금 제도의 폐지, 고용 세습
조항 등이 있다.

## 〈노동법 체계 및 노동3권〉

노동법률 〉단체협약 〉취업규칙 〉근로계약
규범적 부문
단체협약
채무적 부문
목적 정당성 有
쟁의행위
불법파업
"노동쟁의" 상태
(근로조건 결정 및
근로조건에 영향을
미치는 경영상 결정
주장 불일치)
• 찬반투표
• 조정신청
의무적 교섭사항
(근로조건)
단체교섭
의무적 교섭사항
(비 근로조건)
O
부당노동행위
X
• 불이익취급
• 황견계약
• 지배개입
• 단체교섭거부

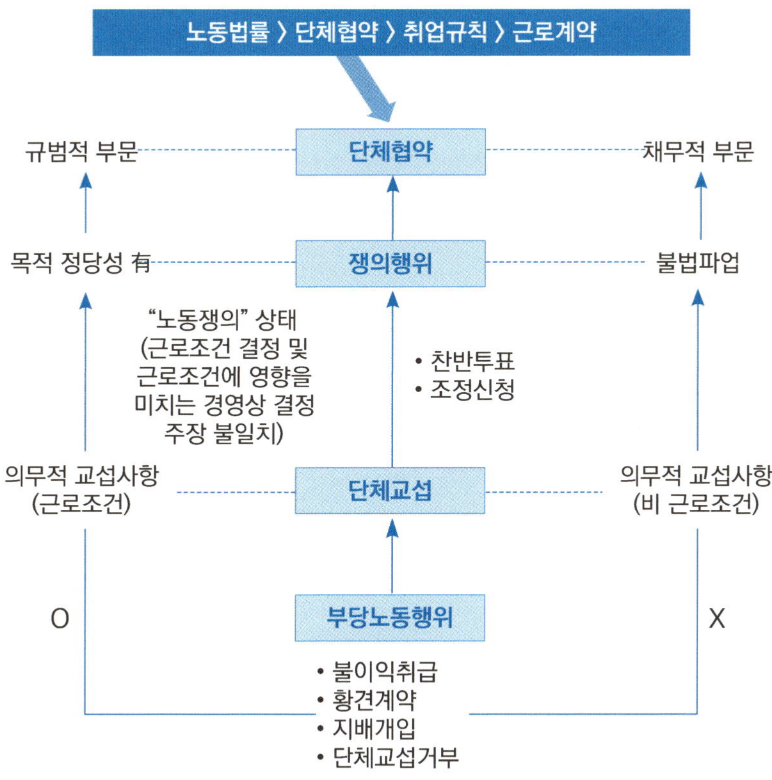

**07**

# 우리나라 노동조합 조직현황 및 사업체 규모별 노조조직률은 어느정도인지

## 1. 노동조합 조직현황 2025.12.고용노동부 발표

| 총연합<br>단위 | 소속별 노조원(총 2,777,000명) 2024.12.기준 | | | | |
|---|---|---|---|---|---|
| | 한국노총 | 민주노총 | 미가맹 | 대한노총 | 전국노총 |
| 산별·<br>업종별 | 금속연맹 등 | ① 금속노조 등 | × | | |
| 사업장 | ② 사업장<br>노조<br>(2,459개) | (단, ①+③<br>지부설립신고<br>(216개) | ④ 사업장<br>(3,416개) | ⑤<br>(10개) | ⑥ 사업장<br>(4개) |
| 계 | 1,202,389명<br>(43.3%) | 1,078,582명<br>(38.8%) | 491,672명<br>(17.7%) | 654명<br>(0.02%) | 1,319명<br>(0.05%) |

※ 노동조합수(①+②+③+④+⑤+⑥) ±6,125개

※ 노조조직률= 전체조합원수(2,777,000명)÷조직대상근로자수(약21,375,000명)=13.0%

※ 부문별 노조조직률 : 민간(9.8%), 공공(71.7%), 공무원(66.4%), 교원(32.3%)

## 2. 사업체 규모별 노조조직률 2025.1. 고용노동부 발표

| 구분 | 30명 미만 | 30-99명 | 100-299명 | 300명 이상 |
|---|---|---|---|---|
| 임금근로자 수 | 12,296,000 | 4,170,000 | 2,178,000 | 3,096,000 |
| 조합원 수<br>조직률 | 17,134<br>(0.1%) | 56,204<br>(1.3%) | 120,436<br>(5.6%) | 1,107,528<br>(36.8%) |

## 왜 하청노조를 사내하청지회라고 부르는지(산업별 노조 사례)

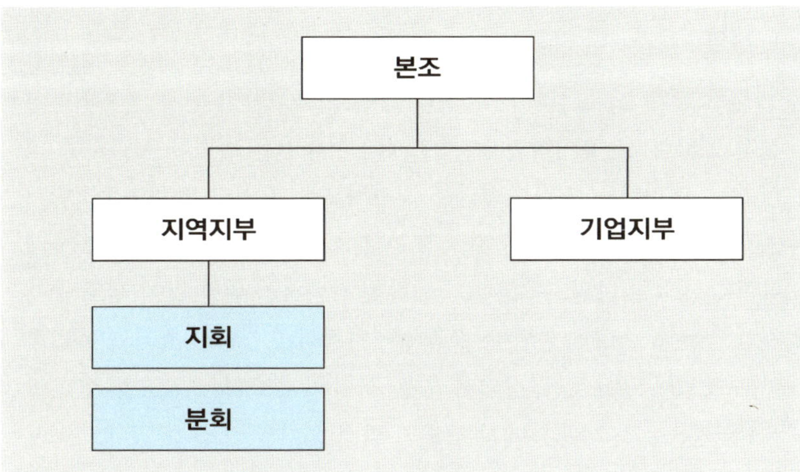


산업별 노조의 경우 사업장 단위 노동조합이 결합하여 (특정 산업차원에서) 하나의 단일 노동조합을 구성한다. 위 그림과 같이 본조는 중앙단위 조직이며 지부는 지역지부(광역시·도)와 기업지부(통상적으로 3개 광역시·도, 조합원 3,000명 이상)으로 구분된다. 이러한 조직체계에 따를 경우 지회와 분회는 「사업장」 단위 조직으로 조합원 규모에 따라 구분한다. 하청노조는 사업장 단위에 해당하지 않지만 하청 노조 여건 및 동일 직영 업무환경 등을 감안하여 하나의 사업장으로 별도의 자격을 부여하여 분회로 운영한다.

참고로 지역 내 노동조합이 결합하여 단일 노동조합을 구성하는 방식을 지역별 노동조합이라고 하는데 하청노조가 이러한 조직구성에 따르는 경우도 있다.

# 노동조합의 조직형태 변경

## 1. 의의

노동조합의 「조직형태변경」이라 함은 노동조합이 변경 전후의 「실질적 동일성」을 유지하면서 그 조직의 형태만을 변경하는 절차를 의미한다. 이러한 조직형태변경은 일반적으로 기업별 단위노동조합이 초기업별 단위노동조합의 지부 또는 분회로 편입되는 것을 용이하게 하여 초기업별 단위노동조합의 세력을 강화하기 위한 것에 제도적 취지가 있는 것으로 해석된다. 조직형태변경의 요건이나 효과와 관련하여 노조법에 별도로 규정되어 있는 사항은 없으나, 「노조법 제16조 제1항 제8호 및 제2항」에서 제도의 법적 근거를 찾을 수 있다.

## 2. 조직형태변경의 요건

### (1) 조직형태변경의 주체

#### 1) 원칙

노동조합의 조직형태변경은 노조법에 따른 노동조합을 그 주체로 한다. 따라서 원칙적으로 초기업별 단위노동조합의 하부 기관에 불과한 지부 또는 분회는 조직형태변경의 주체성이 인정되지 않는다. 판례 또한 이러한 원칙에 따라 「노동조합법 제16조 제1항 제8호 및 제2항은 노동조합법에 의하여 설립된 노동조합을 그 대상으로 삼고 있어 노동조합의 단순한 내부적인 조직이나 기구에 대하여는 적용되지 아니한다.」는 입장을 취하고 있다(대법 2012다96120, 2016.2.19.).

#### 2) 예외: 초기업별 단위 노동조합의 지부 또는 분회

다만, 「초기업별」 단위노동조합의 지부 또는 분회가 「독자적인 규약

및 집행기관」을 가지고 독립한 단체로서 활동을 하는 경우에는 노동
조합으로서의 지위가 인정되며(대법 2011다1842, 2011.5.26.) 이러한 노동조
합의 지부 또는 분회는 노조법 시행령 제7조에 따라 노동조합 설립신
고를 하는 것도 가능하다. 따라서 예외적으로 노동조합의 하부 기관
에 불과한 지부 또는 분회의 조직형태변경 주체성을 인정하는 것이
가능한 것으로 해석하는 것이 타당하며, 대법원 판례에 따르면 다음 2
가지 요건을 갖춘 경우 초기업별 단위노동조합의 지부 또는 분회가
조직형태변경을 통하여 기업별 단위노동조합으로 조직의 형태를 변
경하는 것이 가능하다는 입장이다(대법 2012다96120, 2016.2.19.).

## 3. 절차

조직형태변경 제도가 도입되기 이전에는 조직형태의 변경을 위해서
기존 노동조합을 해산하고 신설 노동조합에 대한 설립신고를 하는 절
차를 거쳐야 했다. 그러나 조직형태변경 제도의 도입으로 ① 총회 또
는 대의원회에서 조직형태변경에 관한 의결을 하여 조직형태를 변경
할 수 있게 되었으며, ② 이와 관련하여 재적 조합원 또는 재적 대의원
의 과반수 출석과 출석 조합원 또는 출석 대의원 3분의 2이상의 찬성
으로 의결한다.

## 08

# 「부당노동행위」란 무엇이며
# 그 유형은 어떻게 구성되는가

| 유형 | 근거 | 노동조합법 제81조 제1항(부당노동행위 유형) |
|---|---|---|
| 불이익<br>취급 | 제1호 | • 근로자가 노동조합에 가입 또는 가입하려고 하였거나, 노동조합을 조직하려고 하였거나 기타 노동조합의 업무를 위한 정당한 행위를 한 것을 이유로 그 근로자를 해고하거나 그 근로자에게 불이익을 주는 행위 |
| | 제5호 | • 근로자가 정당한 단체행위에 참가한 것을 이유로 하거나 또는 노동위원회에 대하여 사용자가 이 조의 규정에 위반한 것을 신고하거나 그에 관한 증언을 하거나 기타 행정관청에 증거를 제출한 것을 이유로 그 근로자를 해고하거나 그 근로자에게 불이익을 주는 행위 |
| 황견계약 | 제2호 | • 근로자가 어느 노동조합에 가입하지 아니할 것 또는 탈퇴할 것을 고용조건으로 하거나 특정한 노동조합의 조합원이 될 것을 고용조건으로 하는 행위. |
| | 단서 | • 다만, 노동조합이 당해 사업장에 종사하는 근로자의 3분의 2 이상을 대표하고 있을 때에는 근로자가 그 노동조합의 조합원이 될 것을 고용조건으로 하는 단체협약의 체결은 예외로 하며, 이 경우 사용자는 근로자가 그 노동조합에서 제명된 것 또는 그 노동조합을 탈퇴하여 새로 노동조합을 조직하거나 다른 노동조합에 가입한 것을 이유로 근로자에게 신분상 불이익한 행위를 할 수 없다.(유니온숍) |
| 단체교섭<br>거부 | 제3호 | • "사용자"가 노동조합의 대표자 또는 노동조합으로부터 위임을 받은 자와의 단체협약체결 기타의 단체교섭을 정당한 이유 없이 거부·해태행위(※실질적 지배력을 가지는 원청은 하청노조에 사용자 지위 인정) |

| 유형 | 근거 | 노동조합법 제81조 제1항(부당노동행위 유형) |
|---|---|---|
| 지배·개입 | 제4호 | • 근로자가 노동조합을 조직 또는 운영하는 것을 지배하거나 이에 개입하는 행위와 근로시간 면제한도를 초과하여 급여를 지원하거나 노동조합의 운영비를 원조하는 행위 |
| | 단서 | • 다만, 근로자가 근로시간 중에 제24조 제2항에 따른 활동을 하는 것을 사용자가 허용함은 무방하며, 또한 근로자의 후생자금 또는 경제상의 불행 그 밖에 재해의 방지와 구제 등을 위한 기금의 기부와 최소한의 규모의 노동조합사무소의 제공 및 그 밖에 이에 준하여 노동조합의 자주적인 운영 또는 활동을 침해할 위험이 없는 범위에서의 운영비 원조 행위는 예외로 한다(근로시간면제 등). |

## 보충설명 6

# 단체교섭거부와 불법행위 성립

대법원 판결에 따르면, 부당노동행위의 성립 여부와 민사상 불법행위책임의 성립 여부를 별도로 판단하고 있다. 구체적으로 「사용자의 단체교섭 거부행위가 원인과 목적, 과정과 행위태양, 그로 인한 결과 등에 비추어 건전한 사회통념이나 사회통념상 용인될 수 없다고 인정되는 경우에는 부당노동행위로서 단체교섭권을 침해하는 위법한 행위로 평가되어 불법행위의 요건을 충족하는바, 사용자가 노동조합과의 단체교섭을 정당한 이유 없이 거부하다가 법원으로부터 노동조합과의 단체교섭을 거부하여서는 안 된다는 취지의 집행력 있는 판결이나 가처분 결정을 받고도 이를 위반하여 노동조합과의 단체교섭을 거부하였다면, 그 단체교섭 거부행위는 건전한 사회통념이나 사회통념상 용인할 수 없는 행위로서 헌법이 보장하고 있는 노동조합의 단체교섭권을 침해하는 위법한 행위이므로 노동조합에 대하여 불법행위가 된다」고 판시한 바 있다(대법 2004다11070, 2006.10.26.). 이와 같은 대법원 판례의 입장에 따르면, ① 단체교섭의 거부 또는 해태 행위가 있었다는 사실만으로 당연히 민법에 따른 불법행위가 성립하는 것은 아니다. 그러나 ② 법원이 사용자에게 단체교섭의 의무가 있음을 확인하는 취지의 판결(내지 결정)을 한 이후에도 계속하여 단체교섭을 거부하거나 해태 하였다면 사용자의 이러한 행위는 「건전한 사회통념이나 사회상규상 용인할 수 없는 행위」로서 불법행위가 구성될 수 있다.

# 하나의 원청 사업(장)에 하청노조가 복수일 경우, 단체교섭 절차는 어떻게 진행되는가

① 원청노조 간 교섭단위 분리(직무, 상급단체 등) ⇒ ② 교섭창구단일화 절차 ⇒ ③ 교섭단위별 대표노조 결정⇒ ④ 교섭단위별 대표노조와 교섭

### 〈복수 하청노조 단체교섭 절차도〉

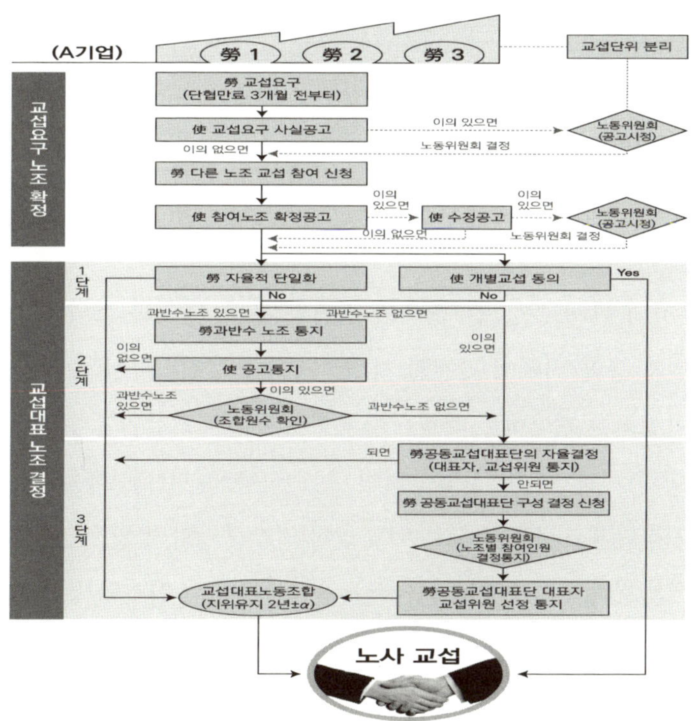

# 사용자가 단체교섭 거부 시 노동조합이 취할 수 있는 구제수단은

1. 부당노동행위 구제신청

의무적교섭사항을 거부할 경우 노조법 제82조에 의해 3개월 내 관할 지방노동위원회에 구제신청이 가능하다.

> 노동조합법 제82조【구제신청】① 사용자의 부당노동행위로 인하여 그 권리를 침해당한 근로자 또는 노동조합은 노동위원회에 그 구제를 신청할 수 있다.
> ② 제1항의 규정에 의한 구제의 신청은 부당노동행위가 있은 날(계속하는 행위는 그 종료일)부터 3월 이내에 이를 행하여야 한다.

2. 손해배상청구

사용자의 단체교섭 거부행위가 원인과 목적, 과정과 행위태양, 그로 인한 결과 등에 비추어 건전한 사회통념이나 사회상규상 용인될 수 없다고 인정되는 경우에는 부당노동행위로서 단체교섭권을 침해하는 위법한 행위로 평가되어 불법행위의 요건을 충족하는바, 사용자가 노동조합과의 단체교섭을 정당한 이유없이 거부하다가 법원으로부터 노동조합과의 단체교섭을 거부하여서는 아니 된다는 취지의 집행력 있는 판결이나 가처분결정을 받고도 이를 위반하여 노동조합과의 단체교섭을 거부하였다면, 그 단체교섭 거부행위는 건전한 사회통념이나 사회상규상 용인할 수 없는 행위로서 헌법이 보장하고 있는 노동조합의 단체교섭권을 침해하는 위법한 행위이므로 노동조합에 대하여 불법행위가 된다 대법 2006.10.26, 2004다11070 .

## 3. 단체교섭응낙가처분신청 및 단체교섭의무 확인의 소

사용자가 정당한 이유없이 단체교섭을 거부하는 경우 노동조합이 민사집행법상 임시의 지위를 정하는 가처분으로서 단체교섭응낙가처분을 신청할 수 있는지 여부가 문제되는 바, 단체교섭응낙가처분신청을 허용하는 경우 단체교섭권에 피보전권리성 즉 사법상 청구권이 인정되는지 여부에 대하여 긍정설과 부정설이 있다. 우리나라의 통설은 긍정설의 입장에서 사용자의 단체교섭의무는 사법상 채무의 성질을 가지므로 노조는 채무의 이행을 구하는 소송을 제기할 수 있고, 이행판결이 확정되면 그에 따라 간접강제에 의한 강제집행이 가능하다고 본다.

## 4. 사용자의 단체교섭 거부에 따른 부당노동행위 형사처벌 절차 및 양형

### 가. 절차
① 고용노동부 형사입건 ⇒ 검찰송치 ② 검찰 ⇒ 법원에 기소 ③ 형사소송 1심 ⇒ ④ 고등법원 2심 ⇒ 대법원 3심

### 나. 양형

노동조합법 제90조【벌칙】노동조합법 제81조 제1항(부당노동행위)의 규정에 위반한 자는 2년 이하의 징역 또는 2천만원 이하의 벌금에 처한다.

# 법원의 긴급이행명령

## 1. 의의

중앙노동위원회가 부당노동행위에 대한 구제명령을 한 경우, 사용자는 행정소송을 제기하여 중앙노동위원회의 재심 판정에 대하여 불복할 수 있다. 그런데 사용자가 이와 같이 행정소송을 제기한 경우 그 자체로써 중앙노동위원회가 내린 구제명령의 효력이 정지되는 것이 아니라는 점은 별론으로 하더라도 행정소송 절차에서 구제명령이 적법하다는 확정판결이 있기 전까지는 노조법 제89조에 따라 사용자를 처벌할 수 없다. 이에 노조법 제85조 제5항은 「사용자가 행정소송을 제기한 경우에 관할법원은 중앙노동위원회의 신청에 의하여 결정으로써, 판결이 확정될 때까지 중앙노동위원회의 구제명령의 전부 또는 일부를 이행하도록 명할 수 있다」고 규정하고 있는바, 이를 「긴급이행명령」이라고 한다.

## 2. 요건

긴급이행명령제도는 법원의 확정판결이 있기 전까지 잠정적으로 구제명령의 이행을 강제하는 제도이므로 이행명령을 강제할 필요성이 존재하여야 한다. 여기에서 「이행을 강제할 필요성」이라 함은 구제명령을 즉시 이행하지 않을 경우 노동3권의 회복이 어렵게 될 사정이 존재하는 것을 의미한다.

## 3. 절차

① 사용자가 중앙노동위원회의 재심 판정에 불복하여 행정소송을 제

기한 경우, 해당 사건의 당사자인 근로자나 노동조합은 노동위원회에 대하여 법원에 이행명령을 신청해 줄 것을 요청할 수 있다(노동위원회규칙 제96조). ② 이러한 요청을 받은 중앙노동위원회는 요청을 검토하여 법원에 이행명령을 신청할지 여부에 대하여 결정한다. 이와 관련하여 중앙노동위원회의 구제명령에도 불구하고 정당한 사유 없이 신청인 근로자를 원직에 복직시키지 않은 경우에는 노동조합 활동에 지장이 발생할 것이 예상되므로 긴급이행명령 신청을 인정한 사례가 있고(중노위 2000기타2, 2000.8.24.), 사용자가 행정소송을 제기하였으나 이를 취하한 경우에는 긴급이행명령 신청의 이익이 소멸하여 이를 각하한 사례가 있다(중노위 2000기타3, 2000.9.5.). ③ 중앙노동위원회가 근로자 또는 노동조합의 긴급이행명령 신청 요청을 인정한 경우, 중앙노동위원회는 취소소송의 관할 법원에 긴급이행명령을 신청한다. ④ 법원은 중앙노동위원회의 구제명령에 명백한 하자가 있거나 구제명령의 이행이 긴급하게 이루어져야 할 필요성이 부정되는 등의 특별한 사정이 없는 한 긴급이행명령을 내려야 한다. 다만, 법원이 긴급이행명령을 결정한 경우에도 긴급이행명령이 유지될 필요성이 없는 경우에는 당사자의 신청 또는 직권으로 긴급이행명령의 결정을 취소할 수 있다(노조법 제85조 제5항).

11

# 사용자의 단체교섭 거부에 따른 부당노동행위 구제신청 사건 절차 및 이행강제수단은

**노동조합법 제85조【구제명령확정】** ① 지방노동위원회 또는 특별노동위원회의 구제명령 또는 기각결정에 불복이 있는 관계 당사자는 그 명령서 또는 결정서의 송달을 받은 날부터 10일 이내에 중앙노동위원회에 그 재심을 신청할 수 있다.

② 제1항의 규정에 의한 중앙노동위원회의 재심판정에 대하여 관계 당사자는 그 재심판정서의 송달을 받은 날부터 15일 이내에 행정소송법이 정하는 바에 의하여 소를 제기할 수 있다.

⑤ 사용자가 제2항의 규정에 의하여 행정소송을 제기한 경우에 관할법원은 중앙노동위원회의 신청에 의하여 결정으로써, 판결이 확정될 때까지 중앙노동위원회의 구제명령의 전부 또는 일부를 이행하도록 명할 수 있으며, 당사자의 신청에 의하여 또는 직권으로 그 결정을 취소할 수 있다.

**노동조합법 제95조【과태료】** 제85조 제5항의 규정에 의한 법원의 명령에 위반한 자는 500만원 이하의 금액(당해 命令이 作爲를 명하는 것일 때에는 그 命令의 불이행 日數 1日에 50萬원 이하의 比率로 算定한 금액)의 과태료에 처한다.

# 12

# 파업은 어떤 절차로 진행되며,
# 불법파업 시 노동조합은
# 어떤 책임을 지는지

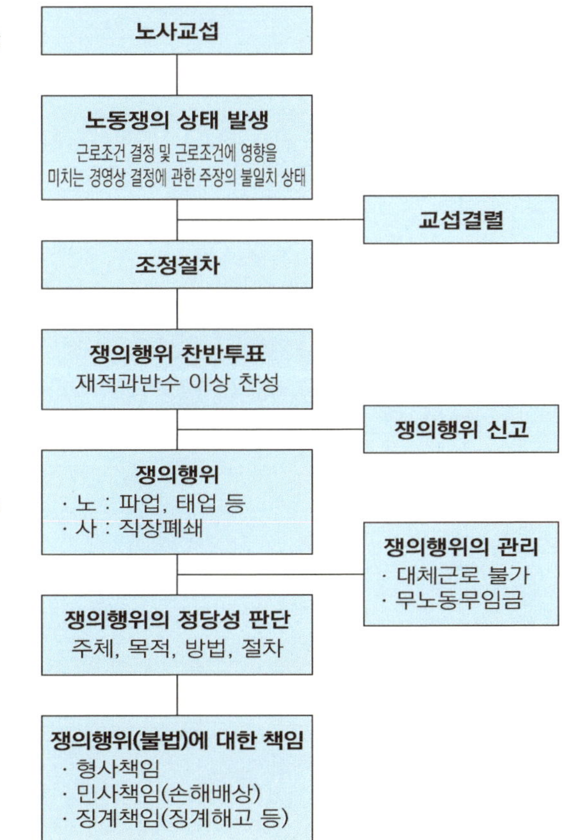

PART **2**

# 「노란봉투법」
## (노조법 제2조·제3조 개정법) 개요

# 13

# 노란봉투법 중 노조법 제2조 제4호
# '노동조합 소극적 요건' 삭제의 의미는

| 2026.3.9.이전 | 노란봉투법 |
|---|---|
| 노조법 제2조(정의) 이 법에서 사용하는 용어의 정의는 다음과 같다.<br><br>1-3. 생략<br>4. "노동조합"이라 함은 근로자가 주체가 되어 자주적으로 단결하여 근로조건의 유지·개선 기타 근로자의 경제적·사회적 지위의 향상을 도모함을 목적으로 조직하는 단체 또는 그 연합단체를 말한다. 다만, 다음 각목의 1에 해당하는 경우에는 <u>노동조합으로 보지 아니한다</u>.<br>가.– 다.생략<br>라. 근로자가 아닌 자의 가입을 허용하는 경우 | 2026.3.10.<br>이후<br>('노란봉투법')<br><br><br>라. 삭제 |

   1. 예를 들어, '보험설계사 노동조합'에 보험설계사가 아닌 자가 가입하여 있을 경우, 노란봉투법 이전 노조법 상으로는 노동조합으로 보지 않으므로 '법외노조'가 될 위험성이 있었으나, 이번 노란봉투법에서 소극적 요건을 삭제함으로서 "노조법 상으로 근로자가 아닌 자가 노동조합에 가입하여 활동하여도 여전히 노동조합 법내노조 으로 본다"고 해석되며,

2. 구체적으로 부연 설명하자면 과거 보험설계사로서 보험설계사 노조활동하였던 자가  어떤 사유로 보험설계사 자격이 박탈되어 어느 시점에서 보험설계사가 아닌 자가 되었다고 하더라도 보험설계사 노조 전체가 '법외노조'로 볼 수는 없다는 의미이다.

3. 다만, 이번 개정 노조법에도 불구하고, 노조법 상 근로자가 아닌 자들이 주체가 되어 노동조합을 설립할 수는 없으며, 이들이 설령 노동단체를 설립한다고 하더라도 '법외노조'로서 노동3권만 가질 뿐, '노동조합'이라는 명칭을 사용할 수는 없다 예: 화물연대 .



## 법외 노조란 무엇인가?

노동조합을 설립할 경우 관할 행정관청에 그 설립에 대해 신고를 하고 설립신고증을 교부받아야 한다. 다만, 노동조합으로서의 실체적 요건은 구비하였으나 설립신고증을 교부받지 못하여 형식적 요건을 갖추지 못한 단체의 경우에도 헌법과 노조법에 의한 보호를 전혀 받을 수 없는 것인지 문제된다(이러한 이유로 「노조법 외(外)」 노조라는 의미로 법외 노조라고 한다).

이와 관련하여서는 ①노동조합으로서의 실체는 갖춘 것이므로 노조법에 의한 노동조합으로 보는 것이 타당하다고 보는 「법내 노조설」, ② 노조법이 창설한 규정에 의한 보호는 받을 수 없으나 헌법이 정한 노동3권을 향유하는 것은 가능하다고 보는 「법외 노조설」, ③ 노조법

뿐만 아니라 헌법에 의한 보호도 받을 수 없다고 보는 「비노조설」의 견해가 존재한다.

 그러나 대법원 판례는 노조법상 노동조합이 아닌 근로자의 단결체라고 하여 무조건 단체교섭권 등이 없는 것은 아니라는 취지로 판시한 바 있고(대법 96누2125, 1997.2. 11.), 헌법재판소는 「실질적인 요건은 갖추었으나 형식적인 요건을 갖추지 못한 근로자들의 단결체는 노동조합이라는 명칭을 사용할 수 없음은 물론 그 외 법에서 인정하는 여러 가지 보호를 받을 수 없는 것은 사실이나, 명칭의 사용을 금지하는 것은 이미 형성된 단결체에 대한 보호 정도의 문제에 지나지 아니하고 단결체의 형성에 직접적인 제약을 가하는 것도 아니며, 또한 위와 같은 단결체의 지위를 '법외의 노동조합'으로 보는 한 그 단결체가 전혀 아무런 활동을 할 수 없는 것은 아니고 어느 정도의 단체교섭이나 협약 체결 능력을 보유한다 할 것」이라고 판시하여 상술한 「법외 노조설」의 견해와 유사한 입장을 취하고 있는 것으로 보인다(헌재 2004헌바9, 2008.7.31.).

# 14

## 노란봉투법 중 '사용자' 개념(노조법 제2조 제2호 후단신설)이 어떻게 확대되었는지

| 2026.3.9.이전 | 2026.3.10.이후('노란봉투법') |
| --- | --- |
| 노조법 제2조(정의) 이 법에서 사용하는 용어의 정의는 다음과 같다.<br>1. 생략<br>2. "사용자"라 함은 사업주, 사업의 경영담당자 또는 그 사업의 근로자에 관한 사항에 대하여 사업주를 위하여 행동하는 자를 말한다. | 2. "사용자"라 함은 사업주, 사업의 경영담당자 또는 그 사업의 근로자에 관한 사항에 대하여 사업주를 위하여 행동하는 자를 말한다. <u>이 경우 근로계약 체결 당사자가 아니더라도 근로자의 근로조건에 대하여 실질적으로 구체적으로 지배·결정할 수 있는 지위에 있는 자도 그 범위에 있어서는 사용자로 본다</u>(후단 신설). |

보충설명 9

### 근로계약 체결 당사자인 사용자의 의미

　노조법에 따른 사용자란 "사업주, 사업의 경영담당자 또는 그 사업의 근로자에 관한 사항에 대하여 사업주를 위하여 행동하는 자"를 말한다(노조법 제2조 제2호). 상술한 바와 같이 근기법상 사용자의 정의와 노조법상 사용자의 정의는 동일하다. 그러나 양 법률의 입법 취지가 다르기 때문에 사용자의 구체적인 인정범위도 약간 다르게 도출된다. 근기법에 따른 사용자는 근기법에 따른 최저근로조건을 준수할 의무를 부담하는 자의 범위 획정의 문제라면, 노조법상 사용자는 근로자의 노동3권 행사의 상대방으로서 단체교섭 및 단체행동권 행사의 상대방, 부당노동행위 금지 의무를 부담하는 자의 범위 설정의 문제라고 할 수 있다.

## (1) 사업주

사업주란 그 사업을 책임지고 경영하는 경영주체를 의미하며, 근기법상 사용자와 동일하게 개인 사업체의 사업주는 대표자 개인을, 법인 사업체의 사업주는 법인 그 자체를 의미한다. 한편, 국가의 행정관청이 사법상 근로계약을 체결한 경우에는 그 근로계약 체결의 효과가 국가에 귀속된다. 따라서 이 경우 근로자는 노동3권을 국가를 상대로 행사할 수 있다(대법 2006다40935, 2008.9.11.).

## (2) 사업의 경영담당자

사업의 경영담당자란 사업경영 일반에 관하여 책임을 지는 자로서 사업주로부터 사업경영의 전부 또는 일부에 대하여 포괄적 위임을 받고 대외적으로 사업을 대표하거나 대리하는 자를 말한다(대법88도1162, 1988.11.22.). 법인 사업체의 대표이사, 회사 정리 절차의 개시 이후의 관리인(대법83도8350, 1984.4.10.) 등이 사업의 경영담당자에 해당한다.

## (3) 그 사업의 근로자에 관한 사항에 대하여 사업주를 위하여 행동하는 자

근로자에 관한 사항이라 함은 근로자의 채용·인사관리·급여와 후생

관리·노무관리·재해방지 등 근로조건의 결정, 업무명령의 발동, 구체적인 지휘감독권의 행사 등 근로자에 대한 사항 일반을 의미한다. 한편, 사업주를 위하여 행동하는 자인지 여부는 형식적인 직급에 따라 판단할 것은 아니고 구체적인 업무내용에 따라 판단한다(근기 68207-4269, 2001.12.8.).

# 15

# 노란봉투법 중 「노동쟁의」 개념(노조법 제2조 제5호 추가)은 어떻게 확대되었는지

| 2026.3.9.이전 | 2026.3.10.이후('노란봉투법') |
|---|---|
| 노조법 제2조(정의) 이 법에서 사용하는 용어의 정의는 다음과 같다.<br>1.–4. 생략<br>5. "노동쟁의"라 함은 노동조합과 사용자 또는 사용자단체(이하 "勞動關係 當事者"라 한다)간에 임금·근로시간·복지·해고 기타 대우등 근로조건의 결정에 관한 주장의 불일치로 인하여 발생한 분쟁상태를 말한다. | 5. "노동쟁의"라 함은 노동조합과 사용자 또는 사용자단체(이하 "勞動關係 當事者"라 한다)간에 임금·근로시간·복지·해고·**근로자의 지위** 기타 대우등 근로조건의 결정과 **근로조건에 영향을 미치는 사업경영상의 결정**에 관한 주장의 불일치 및 제92조 제2호 가목부터 라목까지의 사항에 관한 **사용자의 명백한 단체협약 위반으로 인하여 발생**한 분쟁상태를 말한다. |

## 16

# 노란봉투법 중 불법파업 시
# 손해배상책임(노조법 제3조 및 제3조의2 신설)이
# 어떻게 제한되는지

| 2026.3.9.이전 | 2026.3.10.이후('노란봉투법') |
|---|---|
| 제3조(손해배상 청구의 제한) 사용자는 이 법에 의한 단체교섭 또는 쟁의행위로 인하여 손해를 입은 경우에 노동조합 또는 근로자에 대하여 그 배상을 청구할 수 없다. | 제3조(손해배상 청구의 제한) ① 사용자는 이 법에 의한 <u>단체교섭 또는 쟁의행위, 그밖의 노동조합 활동으로</u> 인하여 손해를 입은 경우에 노동조합 또는 근로자에 대하여 그 배상을 청구할 수 없다.<br>② 사용자의 불법행위에 대하여 노동조합 또는 근로자의 이익을 방위하기 위하여 부득이 사용자에게 손해를 가한 노동조합 또는 근로자는 배상할 책임이 없다.<br>③ **법원은** 단체교섭, 쟁의행위, 그 밖의 노동조합의활동으로 인한 손해배상책임을 근로자에게 인정하는 경우, 손해의 배상의무자인 근로자에 대하여 **다름 각 호에 따라 책임비율을 정**하여야 한다<br>1. 노동조합에서의 지위와 역할<br>2. 쟁의행위 등 참여경위 및 정도<br>3. 손해발생에 대한 관여의 정도<br>4. 임금 수준과 손해배상청구금액<br>5. 손해의 원인과 성격<br>6. 그 밖에 손해의 공평한 분담을 위해 고려할 필요가 있다고 인정하는 사항<br>④ 제3항에 따른 배상의무자인 노동조합과 근로자는 법원에 배상액의 감면을 청구할 수 있다. 이때 <u>법원은 배상의무자의 경제상태, 부양의무 등 가족관계, 최저생계비 보장 및 존립유지 등을 고려하여 각 배상의무자별로 감면여부 및 정도를</u> 판단하여야 한다.<br>⑤ 「신원보증법」제6조에도 불구하고 <u>신원보증인은</u> 단체교섭, 쟁의행위, 그 밖의 노동조합의 활동으로 인하여 발생한 손해에 대해서는 <u>배상할 책임이 없다</u> |

| 2026.3.9.이전 | 2026.3.10.이후('노란봉투법') |
| --- | --- |
| | ⑥ 사용자는 노동조합의 존립을 위태롭게 하거나 운영을 방해할 목적 또는 조합원의 노동조합활동을 방해하고 손해를 입히려는 목적으로 손해배상청구권을 행사하여서는 아니 된다.<br>제3조의 2(책임면제) 사용자는 단체교섭 또는 쟁의행위, 그 밖의 노동조합활동으로 인한 노동조합 또는 근로자의 손해배상 등 책임을 면제할 수 있다 |

# PART 3

# 하청노조에 대해 단체교섭의무를 지는 사용자 요건

| 2026.3.9. 이전 | 2026.3.10. 이후('노란봉투법') |
| --- | --- |
| 노조법 제2조(정의) 이 법에서 사용하는 용어의 정의는 다음과 같다.<br>1. 생략<br>2. "사용자"라 함은 사업주, 사업의 경영담당자 또는 그 사업의 근로자에 관한 사항에 대하여 사업주를 위하여 행동하는 자를 말한다. | 2. "사용자"라 함은 사업주, 사업의 경영담당자 또는 그 사업의 근로자에 관한 사항에 대하여 사업주를 위하여 행동하는 자를 말한다. **이 경우 근로계약 체결 당사자가 아니더라도 근로자의 근로조건에 대하여 실질적으로 구체적으로 지배·결정할 수 있는 지위에 있는 자도** 그 범위에 있어서는 **사용자로 본다**(후단 신설) |

# 17

# 노동조합법 개정으로 사용자 개념이 확대된 것은 어떤 의미를 가지는지

노동조합법 개정으로 사용자 개념이 확대됨에 따라 근로계약 등을 체결한 당사자가 아니더라도 근로자의 근로조건에 대하여 '실질적이고 구체적으로 지배·결정할 수 있는 지위에 있는 자'는 '그 범위에 있어서는' 사용자로 인정되어 하청노조가 원청 사용자를 대상으로 교섭을 요구할 수 있게 되었다는데 의미가 있다.

## 보충설명 10

## 사용자 개념확장과 관련된 판례와 노란봉투법 입법화 과정

### 1. 기존 판례의 입장

우리나라에서 사용자의 개념을 둘러싼 논의가 시작된 것은 1998.7.1. 파견법이 제정되면서 용역·도급·파견 등과 같은 간접고용이 산업 전반으로 확대되면서부터이다. 이후 현대미포조선사건(2008년), 예스코사건(2008), 현대중공업사건(2010) 등과 같이 원청회사에 대해서도 사용자성을 인정하는 대법원 판결이 잇달아 나오면서, 사용자 개념의 확대에 대한 논의가 본격화되기 시작하였다.

그간 대법원은 일관되게 개별적 근로관계상의 사용자 개념과 집단적 노동관계상의 사용자 개념을 동일시하고 있었다. 따라서 집단적 노동관계상 사용자에 해당하는지 여부의 판단도 근로계약이 존재하는 것인지 여부를 가장 중요한 판단기준으로 삼고 있었는데, 가령 근기법상 사용자 지위에 있는지 여부에 대한 판결이기는 하지만 현대미포조선사건(대법 2008.7.10, 2005다75088)에서도 현대미포조선과 사내하청 소속의 근로자는 '묵시적 근로관계'가 있다는 논리에 의하여 근기법상 사용자 지위를 확장함에 머물고 있었다.

## 2. 사내하청에 사업실체가 없는 경우(일명 '현대미포조선 사건')

원고용주에게 고용되어 제3자의 사업장에서 제3자의 업무에 종사하는 자를 제3자의 근로자라고 할 수 있으려면, 원고용주는 사업주로서의 독자성이 없거나 독립성을 결하여 제3자의 노무대행기관과 동일시 할 수 있는 등 그 존재가 형식적, 명목적인 것에 지나지 아니하고, 사실상 당해 피고용인은 제3자와 종속적인 관계에 있으며, 실질적으로 임금을 지급하는 자도 제3자이고, 또 근로제공의 상대방도 제3자이어서 당해 피고용인과 제3자간에 묵시적 근로계약관계가 성립되어 있다고 평가될 수 있어야 한다.

형식적으로는 피고 회사와 도급계약을 체결하고 소속 근로자들인 원고들로부터 노무를 제공받아 자신의 사업을 수행한 것과 같은 외관을 갖추었다고 하더라도, 실질적으로는 업무수행의 독자성이나, 사업경영의 독립성을 갖추지 못한 채, 피고 회사의 일개 사업부서로서 기능하거나, 노무대행기관의 역할을 수행하였을 뿐이고, 오히려 피고 회사가 원고들로부터 종속적인 관계에서 근로를 제공받고, 임금을 포함한 제반 근로조건을 정하였다고 봄이 상당하므로, 원고들과 피고 회사 사이에는 직접 피고 회사가 원고들을 채용한 것과 같은 묵시적인 근로계약관계가 성립되어 있었다고 보는 것이 옳다(대법 2008.7.10, 2005다 75088).

## 3. 사내하청에 실체가 있고, 실질적으로 도급('실질적 지배력' 인정)

### 가. 일명 '朝日放送事件'(일본 최고재판소 1995.2.28. 판결)

일명 '朝日放送事件'이란 일본 최고재판소가 용역업체 소속 근로자가 '방송프로그램의 제작'이라는 특수한 상황하에서 원청회사인 방송사 조직에 완전히 편입되어 원청회사가 실질적으로 지배·결정권을 행사하는 사실상 위장도급이나 불법파견에 해당한다.

### 나. 일명 '현대중공업 사건'

#### (1) 사실관계

현대중공업 사내협력사 근로자들로 구성된 사내하청노조가 결성된 후 조합원 소속 협력사들이 연속하여 폐업해 조합원들이 실직하게 되자 사내하청노조와 실질자들이 원청인 현대중공업을 상대로 부당해고 및 불이익취급, 지배·개입의 부당노동행위 구체신청을 하였다.

#### (2) 판결

① 근로계약관계가 없는 원청회사도 하청회사의 간접고용 노동자들에 대하여 근로관계상 여러 이익에 대하여 '실질적인 지배력과 영향력'이 있다면, 노조법상 사용자이므로 부당노동행위 지배·개입의 주체로서 책임을 져야 한다. 노동위원회의 구제명령을 이행할 수 있는 법률적 또는 사실적 권한이나 능력을 가지는 지위에 있는 자는 그 한도 내에서는 부당노동행위 지배·개입의 주체로서 구제명령의 대상자인 사용자에 해당한다(대법 2010.3.25, 2007두8881).

② 그러나, 하청근로자와 원청회사 간에 묵시적 근로계약관계가 성

립하지 않으므로, 부당해고 및 부당노동행위 불이익취급의 주체로서 구제명령의 대상자인 사용자에 해당하지 않는다 대법 2010.3.25., 2007두9143).

## 4. 부당노동행위 "지배·개입의 주체로서의 사용자"와 "단체교섭 당사자로서의 사용자"를 동일한 개념으로 해석하여야 하는지 여부(적극)

① "원청업체가 제3자로서 사내 하청업체 소속 근로자에 대하여 노동3권을 침해하는 사실적인 지배·개입행위를 할 수 있는 지위에 있다는 사정만으로, 단체교섭을 포함한 집단적 노동관계 일반에 있어 원청업체의 사용자성이 당연히 인정된다고 볼 수는 없다"(부산고법 2018.11.14. 2018나53149, 현대중공업 사건)고 판시하였으나,

② 부당노동행위제도의 관점에서 노동3권에 대한 침해행위는 반드시 명시적·묵시적 근로계약관계에 있는 사용자에 의해서만 발생할 수 있는 성격이 아니고, 실질적인 지배·개입행위라는 사실행위로서 얼마든지 발생할 수 있다는 점에서 그 '사용자'의 개념을 실질적인 지배력을 행사하는 주체로 확대할 필요가 있다는 판례(서울행법 2023.1.12. 2021구합71748, CJ대한통운 사건 등)가 연이어 나오면서,

③ 드디어 2026.3.10. 시행 개정노조법 제2조 제2호(일명 '노란봉투법')에서 "근로계약 체결 당사자가 아니더라도 근로자의 근로조건에 대하여 실질적이고 구체적으로 지배·결정할 수 있는 지위에 있는 자도 그 범위에 있어서는 사용자로 본다"고 규정함으로써, 원청이 하청에 대해 실질적이고 구체적으로 지배·결정할 수 있다면, 그 범위 내에서는 단체교섭에 있어서 사용자 지위를 가지게 되었다.

**18**

# '불법파견 여부의 판단기준'과 '실질적 지배력의 판단기준'은 어떻게 다른지

<노조법상 사용자성과 파견법상 근로자 파견 비교>

| 구분 | 노조법상 사용자 | 파견법상 근로자파견 |
|---|---|---|
| 핵심 요소 | 원청이 '특정 근로조건'에 실질적인 영향력을 미쳤는지 여부 | 원청이 하청노동자를 실질적으로 사용하고 지휘·명령하였는지 여부 |
| 판단 요소 | 근로조건에 대한 구조적 통제 여부, 사업에 대한 조직적 편입 여부 | 업무상 상당한 지휘·명령 여부, 인사·노무 결정권 행사 여부 |
| 법적 효과 | 원청 사업주는 '단체교섭 의무' 부담 | 원청사업주는 하청노동자를 직접고용 |
| 판례 (삼성전자 서비스사건) | 불법파견이 인정되지 않더라도, 노조법상 사용자성은 인정될 수 있다 | |

## 근로자 파견이란 무엇인가?

근로자파견은 자신이 고용한 근로자를 타인의 지휘·명령을 받아 그 타인을 위하여 근로에 종사하게 하는 자(파견사업주), 타인이 고용한 근로자를 파견받아 자신의 지휘·명령 하에 자신을 위하여 근로에 종사하게 하는 자(사용사업주), 사업주가 파견을 위하여 고용한 근로자(파견근로자)라는 3면 관계를 전제로 한다.

이러한 3자간의 관계에서 ① 파견사업주와 파견근로자의 사이에는 고용관계가 있고, ② 파견사업주와 사용사업주의 사이에 근로자파견계약이 성립하고, ③ 사용사업주는 근로자파견계약에 따라 파견근로자를 지휘·명령하는 관계가 성립한다.

또한 근로자파견은 사용사업주에 대한 노무제공을 목적으로 성립한다. 따라서 순수한 교육훈련을 목적으로 근로자를 파견하는 경우 노무공급이 없어 근로자파견에 해당하지 않는다. 그리고 근로자파견은 파견사업주와 근로계약을 체결한 파견근로자를 타인(사용사업주)에게 파견하는 것이기 때문에 근로자가 아닌 비종속적인 노무공급자 또는 자영업자를 단순히 중개(소개)하는 것은 근로자파견에 해당하지 않는다.

반면 도급이라 함은 수급인이 일의 완성을, 도급인이 그 일의 결과(완성)에 대한 대가로 보수 지급을 약정함으로써 성립하는 민법 제664조의 전형계약이다. 근로자파견과 비교하면 도급인은 사용사업주, 수급인은 파견사업주의 위치에 있다. 이러한 위치에서 근로자파견은 사용사업주가 파견근로자에게 지휘·명령을 할 수 있지만, 도급인은 수급인의 근로자에게 지휘·명령을 할 수 없는 것이 원칙이다.

근로자파견과 도급의 구분이 어려운 이유는 ① 근로자가 도급인의 사업장에 투입된 경우 그것이 근로자파견계약에 의한 것인지 도급계약에 의한 것인지 사실상 구별할 수 없는 경우가 많은 점, ② 도급인은 수급인 또는 그의 이행보조자에게 작업의 방법 등 큰 부담을 지우지 않는 범위 내에서 적당한 지시나 감독을 할 수 있는데 이러한 도급인의 지시와 감독은 근로자파견에 있어서 파견근로자에 대한 사용사업주로서의 지휘·명령과 구별하는 것은 쉽지 않기 때문이다.

정리하면 근로자파견과 도급은 도급인(사용사업주)이 지휘·명령을 했었는지 여부에 따라 달라진다. 그러나 노무제공이 형식적으로 도급에 의하여 이루어지고 있다고 하더라도 수급인이 고용한 근로자가 도급인의 직접적인 지휘·감독 하에서 노무를 제공하면, 이는 사실상 3면관계인 근로자파견으로 보아야 한다. 따라서 이러한 경우에는 파견법이 적용된다.

**19**

# 원·하청관계에서 '실질적 지배력' 판단의 핵심적 징표인 '구조적 통제'란

1. '구조적 통제'란, 원청사용자가 하청 소속 근로자의 근로시간 등 근로조건의 결정을 구조적으로 제약하여 하청사용자가 근로조건을 결정할 수 있는 재량을 본질적·지속적으로 제한하는 상태를 말한다.

2. '구조적 통제' 예시
   - 인력운용 : 원청사용자가 특정 공정에 필요한 인력의 수, 자격, 기능 등 인력 운용의 틀을 지정·변경할 권한을 보유하고 있는 경우 등
   - 근로시간 : 원청의 생산공정 방식·교대운영과 상시적으로 연동되어 하청 교대제, 근무시간 연장근로, 휴일근로 등 이 구조적으로 결정되는 경우 등
   - 작업방식 : 원청이 세밀한 작업지시서·관리시스템 등을 통해 업무 배정, 순서, 방식 등을 결정하는 경우 등

3. 이러한 기준에 따른 구조적 통제는 원·하청 생산라인 등이 연동된 경우와 같이 원청과 하청의 업무가 단계별로 밀접하게 연계되어 있거나 작업공정이 상호의존적인 경우에는 나타날 가능성이 높은 반면,

수급인이 독립된 설비를 갖추고 완제품이나 부품을 생산하여 납품하는 통상적인 물량도급 관계의 경우에는 구조적 통제가 나타날 가능성이 낮다.

# 20

## 그동안 판례에서 나타난 '실질적 지배력' 판단의 <구체적 징표>는

| 번호 | 구체적 징표 | 판례 |
| --- | --- | --- |
| 1 | 하청의 원청 사업수행 본질성 | 서울고법 2024.1.24. 2023누34646 |
| 2 | 원청의 직접적 작업지시 | 서울행법 2023.1.12. 2021구합71748 |
| 3 | 원청의 시스템을 통한 통제 | 서울행법 2025.7.25. 2022구합69230 |
| 4 | 원청의 소유설비 사용 | 서울행법 2025.7.25. 2022구합69230 |
| 5 | 근로시간에 대한 통제 | 서울행법 2023.1.12. 2021구합71748 |
| 6 | 원청의 일방적 성과급·수당 결정 | 서울행법 2025.7.25. 2023구합55658 |
| 7 | 작업환경의 공통성 | 중노위 2022.3.24. 중앙2021부노268 |
| 8 | 원청의 안전보건관리규정 적용 | 서울행법 2025.7.25. 2023구합55658 |
| 9 | 원청 사업에의 편입 | 서울고법 2024.1.24. 2023누34646 |
| 10 | 경제적 종속성 | 서울행법 2023.1.12. 2021구합71748 |

# 21

# '실질적 지배력' 판단 징표 중<br><하청의 원청 사업수행 본질성><br>관련 판례는

서울행법 2023.1.12. 2021구합71748 (○○택배)<br>서울고법 2024.1.24. 2023누34646 (○○택배)

① 노동조합법상 단체교섭 의무를 부담하는 사용자에 해당하는지는 사업주가 근로조건인 교섭요구사항에 대하여 실질적으로 결정하거나, 근로자가 해당 근로조건을 사업주의 의사대로 또는 정해진 대로 복종하여 따를 수밖에 없어 사업주가 해당 근로조건을 지배하고 있는지를 기준으로 판단해야 하고, 그러한 판단을 함에 있어서는 원고와 집배점의 관계, 집배점 택배기사의 업무가 상시적·필수적인 업무인지, 원고의 사업체계의 일부로 편입됨으로써 근로조건을 지배하거나 결정하는 원고의 지위가 지속적인지 등을 종합적으로 고려하여야 한다.

② 원고가 영위하는 택배사업의 주요 업무는 집화, 중계수송, 분류작업, 배송업무로 나뉜다. 그 중 집배점 택배기사들이 담당하는 집화 및 배송 업무는 **위 업무 중 가장 본질적이고 필수적이며 상시적인 업무로서**, 원고가 구축한 운수○○, 엔플러스 등을 통해 전자적으로 통합 관리되는 등 원고가 운영하는 전국적인 규모의 운송시스템과 사업 체계에 편입되어 있다. 즉, 집배점과 집배점 택배기사들은 원고가 택배사업을 영위하기 위해 유기적으로 조직한 사업 중 일부 업무를 담당하고 있다.

# 22

## '실질적 지배력' 판단 징표 중
## <원청의 직접적 작업지시>
## 관련 판례는

서울행법 2023.1.12. 2021구합71748 (○○택배)

원고가 주재원을 통해 직접 집배점 택배기사들에게 간선차량 공백 시간에 수행할 업무를 지시하거나 집화물량을 상차함에 있어 셔틀 사용이 불가능하다고 통보하는 등 직접 상차 방법을 결정하고 있는 점 등에 비추어 보면, 원고가 주장하는 사정들은 제1, 2의제에 관한 원고의 실질적·구체적 지배·결정 권한을 부정할 사유가 되지 못한다.

### 보충설명 12

## 원청이 하청에 작업표준서 오류수정 요구해도 되는지

협력사(하청기업)가 작업하는 작업내용에 대한 작업표준서를 원청이 작성하여 교부하였고 협력사(하청기업)근로자들은 원청에서 작성하여 교부한 작업표준서에 의해 작업을 수행한 사례(대법 2011두7076, 2012.02.23.)에서 작업표준서는 하청회사에서 독립적, 자체적으로 수립한 대내적 표준문서에 해당하여야 하므로 이러한 문서에 원청이 오류사항을 지적하는 경우 원청이 상당한 지휘명령권한을 행사했다고 오인될 가능성이 크다.

관련하여 2019년 12월에 개정된 고용노동부위의 「근로자 파견의 판단기준에 관한 지침」에서 작업지시서나 구두지시 등의 직접적 지시의 징표만 확인하던 기존 지침을 넘어 하청회사의 관리자가 원청의 지시를 근로자들에게 단순히 전달하는 형태의 간접적인 지시도 불법파견에 해당할 수 있음을 명시하였다.

즉 오류사항을 발견할 경우 현장대리인에게 전달하는 수준으로 국한해야 하며 하청회사의 작업표준서 작성뿐만 아니라 개정을 요구하는 식으로 관여할 경우 실질적, 구체적인 지배력이 인정될 가능성이 크다. 특히 안전에 관련된 경우에도 유사하게 해석될 가능성이 크다.

예를 들어 메일을 통해서 작업 수행을 위해 필요한 정보를 제공할 수 있지만 직접적인 지시는 실질적 지배에 해당된다. 원청소속 공장장이 메일제목 등에 「특별지시사항」이라고 표기하여 지휘명령을 하는 경우 등이 대표적인 사례이다.

**23**

# '실질적 지배력' 판단 징표 중 <원청의 시스템을 통한 통제> 관련 판례는



① 조업 업무의 경우, 사내하청업체 근로자가 구체적으로 해야 하는 작업의 내용은 사내하청업체와 원고 회사 사이에 체결된 도급계약에 의해 구체적으로 특정된 것이 아니라 MES(Manufacturing Execution System), 무전기, 유선전화, 카카오톡 등 메신저, 작업지시서 등을 통한 원고 회사 소속 근로자들의 지시에 의하여 구체적으로 특정되었고, 사내하청업체 소속 근로자들은 위 지시에 따라 해당 업무를 수행하였다.

② 조업 업무 중 제품 출고 업무를 수행하는 사내하청업체 근로자는 원고 회사 소유의 PDA를 통해 자신이 수행해야 할 작업 내용을 확인하고, 전 과정에서 원고 회사의 MES에 의존하여 작업을 진행한다. 출고 제품의 상차에 사용되는 크레인 운전도 주로 사내하청업체 근로자가 수행하는데, 이 경우에도 원고 회사의 MES를 통해 조업 업무를 수행하는 근로자와 동일한 작업지시 화면을 실시간으로 확인하며 협업하고, 제품의 적재차량, 위치, 상차 준비사항 등도 모두 MES를 통해 전달받는다. 출고 제품의 하자 여부, 제품 번호, 사양 등은 해당 업무를 수행하는 사내하청업체 근로자가 **MES와 연동된 PDA를 통해 직접 확인**하고 이상이 있을 경우 원고 회사에 직접 보고한다

## MES를 통한 정보전달도 작업지시에 해당될 가능성

MES(Manufacturing Execution System, 생산관리시스템)이라 함은 기업의 생산 현장에서 작업 일정과 작업 지시, 품질 관리, 실적 집계 등 제반 활동을 지원하기 위한 관리 시스템을 말한다. MES가 있는 경우 고객이 주문한 물적 특성을 갖춘 제품생산을 위해 공정계획에 대한 정보가 자동으로 생성된다.

원청기업이 하청기업에게 MES를 제공했던 사건(대법 2016다40439, 2022.07.28.)에 대해 전산시스템을 통해 운송대상, 운송순서, 운송지점 등을 구체적으로 결정하였고 이는 단순한 전달에 그치지 않으므로 사실상 구속력이 있는 업무상 지시로 보아 불법파견으로 인정했다.

# 24

# '실질적 지배력' 판단 징표 중<br><원청의 소유설비 사용><br>관련 판례는

서울행법 2025.7.25. 2022구합69230(○○조선)

원고 회사는 크레인, 각종 자재 및 제품을 운송하는 특수 궤도차량, 생산라인을 구성하는 각종 전산장비, 고로 압연에 사용되는 롤 등 이 사건 사업장에서 사용되는 **생산수단 일체를 소유**하고 있다. 생산에 필수적인 대형 설비에 대한 관리처분 권한이 전혀 없는 사내하청업체가 이 사건 사업장에서 발생하는 노동안전 문제에 관하여 제시할 수 있는 해결책은 한정적이다.

# '실질적 지배력' 판단 징표 중 <근로시간에 대한 통제> 관련 판례는

서울행법 2023.1.12. 2021구합71748 (○○택배)

① 주6일제를 규정하고 있는 이 사건 부속계약서 제13조는 원고가 개별 집배점주들과 위수탁계약을 체결하기에 앞서 일방적으로 정해둔 것으로, 집배점 위수탁계약 체결 과정에서 그 내용이 변경될 가능성이 없고, 개별 집배점주들이 이를 준수하지 않을 경우 이 사건 부속계약서 제19조에 따라 집배점 위수탁계약이 해지될 수도 있다. 그에 따라 개별 집배점주들은 집배점 택배기사들과 운송위수탁계약을 체결할 때에도 대부분 주6일제 근무를 명시하고 있고, 계약서에 주6일제 근무를 명시하지 않았더라도 집배점 택배기사들은 주6일제로 근무하고 있다.

② 원고는 이 사건 부속계약서 제13조에도 불구하고 2018년 추석 연휴 당시 연휴 직전 토요일을 휴무일로 결정하기도 하는 등 집배점주 및 집배점 택배기사들의 근무일을 결정할 재량을 가지고 있다.

**26**

# '실질적 지배력' 판단 징표 중
# <원청의 일방적 성과급·수당 결정, 지급>
# 관련 판례는

서울행법 2025.7.25. 2023구합55658(○○조선)

① 원고 회사가 사내하청업체에게 상생 차원에서 경영지원금 명목으로 성과급, 학자금의 재원이 되는 돈을 지급한 측면이 있다고 하더라도, 그러한 지급이 장기간에 걸쳐 반복적으로 지속되어 사내하청업체 근로자의 급여 중 상당한 부분을 차지하게 되었고,

② 사내하청업체는 성과급, 학자금을 별도의 재원으로 마련하는 것이 아니라 원고 회사가 수요 조사를 통해 성과급, 학자금의 지급 총액을 결정하여 지급해준 돈으로 소속 근로자에 대한 성과급과 학자금을 전액 충당하고 있는 점에 비추어 보면, 사내하청업체 근로자에 대한 성과급과 학자금 지급에 대하여 원고 회사가 실질적이고 구체적인 지배력을 갖고 있는 것으로 봄이 타당하다.

**27**

# '실질적 지배력' 판단 징표 중<br><작업환경의 공통성><br>관련 판례는

**중노위 2022.3.24. 중앙2021부노268(○○제철)**

이 사건 회사의 철강 제조공정은 제선 내지 제강에서부터 압연에 이르는 연속 공정으로서 원료반입·처리부터 제품 생산·출하까지 필요한 여러 공정 또는 세부작업이 맞물려 있고, 일관제철시스템을 포함한 MES(Manufacturing Execution Systrem, 제조실행시스템) 등에 따라 원청 근로자들과 사내하청 근로자들이 수행하는 '작업내용'이 구조적·기능적으로 연동 내지 연계되어 있으며, 원청 근로자들과 사내하청 근로자들은 원청이 전체적인 시설관리권을 보유·행사하는 같은 사업장 내에서 부분적이라도 복잡·다양한 산업재해 위험원에 함께 노출될 수 있는 공통의 '작업환경'에 놓여 있다.

# 28

## '실질적 지배력' 판단 징표 중 <원청의 안전보건관리규정 적용> 관련 판례는

서울행법 2025.7.25. 2023구합55658(○○조선)

① 원고 회사는 안전보건에 관한 기준을 확립하고 책임 소재를 명확히 하며 산업재해를 예방하기 위한 목적으로 '안전보건관리규정'을 시행하고 있는데 위 규정은 적용범위에 사내하청업체가 포함되는 것으로 규정하고 있다. 이외에도 원고 회사가 시행하고 있는 '안전사고 조사 및 처리절차', '안전작업 승인 절차', '사내 교통안전 관리 규칙', '안전보건 위험성평가 및 등록관리 절차' 등의 안전 관련 규정은 모두 그 적용범위에 사내하청업체 및 그 소속 근로자들을 포함시키고 있다. 이에 따라 사내하청업체 소속 근로자들 역시 이 사건 사업장 내에서 작업을 수행함에 있어 원고 회사가 정한 안전관리 절차 및 기준을 준수하여야 한다.

② 원고 회사는 이 사건 사업장에 근무하는 인원 전체에 대하여 적용되는 안전 관련 규정 외에도, '협력회사 안전보건 관리 규칙'(을나 제52호증의 1), '협력회사 정기 안전보건협의회 운영규칙'(을나 제52호증의 2) 등 사내하청업체 및 그 소속 근로자의 안전과 보건에 관한 사항을 독립적으로 규율하는 별도의 내부 규정을 직접 제정하여 적용하고 있다.

보충설명 14

## 원청이 안전 관련 사안에 대해 하청회사 근로자와 미팅하는 경우 불법파견 해당 및 실질적 지배력 인정 가능성

2019년 12월에 개정된 고용노동부의 「근로자 파견의 판단기준에 관한 지침」에 의하면 산업안전보건법 제63조 따른 도급인의 안전보건조치는 불법파견에 해당하지 않는다. 그러나 원청의 미팅에 하청회사의 "현장대리인이 아닌" 협력직원 전원을 참석시키는 것은 직접적인 업무지시 및 보고가 이루어질 가능성이 농후하다. 즉 산업안전보건법 상 안전관련 사항에 대한 하청회사와의 논의 자체가 불가능한 건 아니지만 모든 하청회사에 대해 재량과 책임을 부여해야 하며 안전관련 논의도 현장대리인과 진행하는 것이 바람직하다. 이와 관련하여 하청회사의 현장대리인이 소속 근로자에게 구체적인 지휘명령을 하였어도 (재량과 독립성 없이) 원청이 결정한 사항을 전달하는 것에 불과한 경우에 근로자파견법을 위반할 가능성이 있다(대법2008두4367,2010.07.22.).

보충설명 15

## 원청이 협력사 안전사고 현황 자료제출을 요구해도 되는지

산업안전보건법 제10조 제2항에 따라 원청은 같은 장소에서 작업하는 하청근로자에게 발생한 산업재해를 관리해야 하는데 이때 관리한다는 것은 ①원청 사업장 내에 작업하는 하청 근로자 현황을 파악하고 ②해당 하청 근로자에게 산업재해가 발생했는지③발생되었다면 어떻게 조치가 되었고 ④예방대책을 어떻게 수립했는지 등을 수시로 확인 및 점검하는 것을 의미한다. 이 경우에도 3일 이상의 휴업이 필요한 부상을 입는 자가 발생한 경우에 국한하며 사소한 사고에 대해 하청회사로 하여금 원청에 자료를 제출하게 한다면 원청이 필요범위를 넘어 직접적으로 상당한 지휘명령을 하였다고 오인될 가능성이 크다. 즉 산업재해 발생 보고가 필요한 특별한 경우를 제외하면 직접적 업무보고로 간주될 수 있다.

# 29

# '실질적 지배력' 판단 징표 중
# <원청 사업에의 편입>
# 관련 판례는



① 원고는 상하차작업을 위해 별도의 협력업체와 직접 계약을 체결하고 있는데 직간선 터미널과 위탁 터미널을 운영하는 집배점은 각자의 명의로 협력업체와 직접 도급계약을 체결하고 있다는 점만 다를 뿐 원고가 그에 상응하는 집배송 수수료 및 상하차비용, 분류비용 등을 지원하여 실질적으로 위 각 터미널 또한 원고의 **전국적 배송물류 시스템에 편입되어 운영**되고 있는 것으로 보이는 점,

② 그 외 간선차량의 수, 출발 및 도착시간, 당일배송의무 여부, 집화물품 인도장소 등 배송상품 인수시간 및 집화상품 인도시간과 관련한 주요 요인들에 관하여는 직영 터미널과 동일하게 여전히 원고가 지배·결정 권한을 행사하는 점 등을 종합하면, 직간선 터미널 및 위탁 터미널은 원고의 필요성에 따라 집배점이 터미널의 부지나 설비 등을 매입하여 시설을 설치하거나 임차하였을 뿐 서브터미널의 유형에 따라 이 사건 제1 내지 2 의제에 관한 원고의 지배력에 본질적 차이가 있다고 볼 수 없다.

## 원청사업에 실질적으로 편입된다는 의미

대법원 판결에 따르면 "크레인 운전을 통해 코일을 운반하는 업무는 압연공정 자체에 필수적으로 수반될 수 밖에 없고 양자는 기능적인 측면에서 분리되기 어렵다. 크레인 운전 업무의 작업성과는 전체 압연제품 생산 공정의 소요시간과 작업결과에 영향을 미친다. 크레인 운전 업무를 수행한 원고들은 피고의 사업에 실질적으로 편입되었다고 봄이 상당하다"고 하여 하청회사가 독립적으로 공정에 대한 설계·수정가능성이 없거나 연쇄공정 선상에서 작업이 이루어지는 경우 이를 실질적으로 편입되었다고 판단하였다(대법2016다40439,2022.07.28.).

# 30

## '실질적 지배력' 판단 징표 중 <경제적 종속성> 관련 판례는

**서울행법 2023.1.12. 2021구합71748**

① 집배점은 직접 택배업무 수행을 위한 터미널이나 컨베이어벨트, 물류창고와 같은 독립적인 물적·인적 시설을 갖춘 것이 아니라, 택배기사를 관리할 수 있는 소규모 사무실과 컴퓨터 정도의 시설만을 갖춘 채 택배기사들의 집화 및 배송업무 관리를 주된 업무로 하고 있고, 뒤에서 보는 바와 같이 원고가 일방적으로 정하는 **계약조건이나 거래상 지위의 열위로 인해** 집배점이 독자적으로 결정할 수 있는 근로조건은 한정적이다.

② 실제로도 참가인과 단체교섭을 한 집배점주 중 일부는 '이 사건 의제에 대하여 집배점이 정하는 것이 아니기 때문에 결정할 수가 없다'는 취지로 진술하기도 하였다. 이와 같이 집화 및 배송업무가 원고의 사업에서 차지하는 역할 및 비중, 원고와 집배점 간의 관계, 집배점의 역할, 택배업무에 종사하는 집배점 택배기사들의 수, 이 사건 택배사업의 규모, 통일적인 근로조건의 설정 필요성 등에 비추어 보면, 집배점 택배기사들의 **근로조건에 대한 원고의 지배는** 원고가 형성한 사업특성 상 **구조적일 수밖에** 없을 뿐만 아니라, 그러한 지배력은 일시적이지 아니하고 지속적이고, 계속적이다.

# 31

# 조선업종인 'H 중공업' 사건에서 '실질적 지배력'이 부정된 판결이 선고된 바 있는데, 그 이유는

**울산지법 2018. 4. 12  2017가합20070(소극)**
**부산고법 2018. 11. 14 2018나53149(소극)**

## 1. 사내 하청업체의 독자성 및 독립성

① 피고와 공사도급계약을 체결한 사내 하청업체들은 독립적으로 자본과 물적 설비를 갖추고 있을 뿐 아니라 다수의 전문인력을 보유하고 있다.

② 사내 하청업체들은 피고와는 별도의 급여체제, 취업규칙, 인사관리규정 등을 보유하면서 개별적으로 근로자들을 모집하고, 근로자들에 대해 직접 임금을 지급하며, 그 명의로 4대 보험에 가입하여 보험료를 지급하여 왔다.

③ 사내 하청업체들은 피고의 생산계획을 바탕으로 향후 수주물량을 예상하여 그 처리에 필요한 인력수급계획을 수립하고, 이에 따라 근로자들의 채용 여부와 그 규모를 자체적으로 결정한다.

④ 아래에서 보는 바와 같이 사내 하청업체들은 근로자들에 대한 근태관리, 징계권의 행사 등에 있어서도 실질적이고 독자적인 권한을 행사하고 있다.

⑤ 위와 같은 사정에 비추어 보면, 피고의 사내 하청업체들이 사업주로서의 독자성이 없거나 독립성을 상실하였다고 볼 수 있을 정도로 그 존재가 형식적·명목적인 것에 불과하다고 할 수 없다.

## 2. 업무지시권의 실질적인 행사 주체

① 사내 하청업체는 일, 주, 월, 연 단위로 구체적인 업무, 담당 인력, 작업시간과 작업장소를 계획하고, 그 작업계획서 등을 바탕으로 작업 편성을 하고 있으며, 현장 대리인을 작업장소에 상주하도록 하여 이들로 하여금 소속 근로자들의 업무 수행을 지휘·감독하는 방식으로 작업을 진행하고 있다.

② 특히 위 근로자들의 업무배치와 그 전환은 피고의 지시 또는 허락 없이 근로자의 기능과 숙련도를 고려하여 사내 하청업체 스스로의 판단에 따라 이루어지

고 있고, 잘못된 작업에 대한 수정 지시 역시 사내 하청업체 소속 소장 또는 반장 등을 통해 직접 이루어지는 것으로 보인다.

③ 사내 하청업체는 소속 근로자들에 대한 채용, 근로조건의 결정, 승진 및 전보, 인사배치, 근태 관리, 징계, 휴가사용의 승인 등에 대한 실질적인 권한을 보유하면서 그러한 인사관리업무를 직접 수행하고 있다. 또한, 근로자들의 작업 실적, 업무 진행 현황 역시 직접 관리하고, 연장, 야간, 휴일근로 여부에 대해서도 독자적으로 결정하고 있다.

④ 한편 원고는 피고가 작성한 협력사 운용지침, 작업자 현황 관련 문서 등의 자료를 근거로 피고가 사내 하청업체 소속 근로자들에 대해 직접적이고 개별적으로 작업 지시권을 행사하여 왔다고 주장한다. 그러나 위와 같은 자료들은 그 내용과 형식 등에 비추어 피고가 작업능률 향상을 위하여 사내 하청업체와 작업 방법과 내용 등에 대해 논의하기 위한 목적으로, 또는 도급인으로서 작업에 관한 구체적인 요구사항을 전달하기 위한 차원에서 작성된 것으로 보인다. 위 자료들에 일정 부분 구체적인 작업 지시에 관한 내용이 들어있다고 하더라도 이는 도급인의 수급인에 대한 검수권이나 업무지시권 행사로서의 성격을 가진다고 볼 수 있다.

⑤ 피고의 사업장은 블록 단위로 구분되어 있어 사내 하청업체 소속 근로자들과 피고 소속 근로자들이 전면적으로 혼재하여 근무하는 형태로 작업이 이루어지는 것도 아니다.

⑥ 사내 하청업체 소속 근로자들이 피고 소유 사업장에서 근무하는 것은 도급업무 수행을 위한 사내하도급의 일반적인 특성에 기인한 것일 뿐 이를 근거로 피고와 위 근로자들 사이에 사용종속관계가 있다고 단정할 수도 없다.

⑦ 결국 위 근로자들에 대한 구체적인 업무지시권을 보유하면서 이를 직접 행사한 주체는 피고가 아니라 사내 하청업체라고 봄이 타당하다.

## 3. 임금체계에 대한 지배·결정 여부

① 사내 하청업체 소속 근로자들에 대한 임금은 기본적으로 사내 하청업체의 경영능력, 노동조합의 교섭력, 근로자들의 업무능력 등이 종합적으로 반영되어 결정되는 구조이다.

② 한편 도급단가는 피고와 사내 하청업체가 별도의 단가계약을 통해 이윤, 부대비용, 물가상승률 등을 참작하여 결정하고 있다. 그리고 이러한 방식으로 결정된 도급단가에 예상공수(예상 투입인원과 시간)를 곱한 금액이 공사대금으로 산정되어 왔던 것으로 보인다. 이와 달리 원고 주장과 같이 이른바 실투입공수, 즉 실제 투입인원과 시간을 기준으로 공사대금이 산정되었음을 인정할 만한 별다른 자료가 없다(원고 주장과 같이 실투입공수를 기준으로 공사대금이 산정된 것이라면, 사내 하청업체 소속 근로자들이 작업장에 투입되기만 하면 피고로부터 수주받은 작업물량은 모두 시공한 것으로 취급되어 결과적으로 실투입공수의 합계가 바로 피고로부터 수주받은 물량이 되기 마련인데, 이는 일반적인 거래통념상 납득하기 어렵다).

③ 나아가 대규모 사업장에서의 안전하고 효율적인 공정 관리를 위해서 피고와 사내 하청업체 사이에 사내 하청업체 소속 근로자들의 수에 대한 정보가 상호 공유될 필요가 있는 점, 피고가 근로자 수에 대한 정보 파악을 넘어서 위 근로자들이 각각 어떤 일을 하고 실제 근무시간이 얼마나 되는지를 정확히 파악한 것은 아닌 점 등에 비추어 피고가 사내 하청업체 소속 근로자들의 인원수를 파악한 적이 있음을 근거로 실투입공수를 기준으로 도급대금을 산정한 것이라고 단정할 수도 없다.

④ 결국 피고와 사내 하청업체 사이의 도급계약은 실제 투입 인원수에 따라 도급대금이 결정되는 인력공급 중심의 용역계약 또는 단순한 노무도급이라기 보다는 사전에 약정된 도급대금을 기성고에 따라 지급하는 구조인 이른바 물량도급의 성격에 가깝다고 봄이 타당하다. 위와 같은 도급대금 및 임금의 결정 구조를 고려할 때, 피고가 사내 하청업체 소속 근로자들의 투입수를 실질적으로 결정하는 방법으로 그 도급대금의 산출에 영향력을 행사함으로써 결과적으로 위 근로자들의 임금체계에 대해서까지 지배·결정권을 행사하였다고 보기는 어렵다.

## 4. 시사점

❑ 사내하청업체의 독자성, 사내하청업체의 구체적 업무지시권 보유, 공사대금=도급단가×예상공수 로 결정된다고 하여 원청이 임금체계에 지배결정권 행사하였다고 볼 수 없다는 점 등을 종합하여 볼 때, 원청이 사내하청업체 소속 근로자들과의 관계에서 단체교섭의무를 지는 사용자에 해당한다고 볼 수 없다.

※ 다만, 위 H중공업 하급심 판례는 2018년도 판결로서, 2026. 2. 현재 대법원 계류 중인바, 2026.3.10. 개정 노동법이 시행될 경우, 파기환송 여지도 있다.

---

보충설명 17

## 원하청 간 「실질적 지배력」 감소 방안

| 연번 | 구분 | 내용 |
|---|---|---|
| 1 | 현장대리인과의 관계 | ① 현장대리인은 근무조에 편성된 작업자 외 선임<br>(지휘감독에 전념하는 실질적인 중간 간부 이상)<br>② 현장대리인에게는 작업요청에 국한해야 하며 업무지시는 지양해야 함 |

| 연번 | 구분 | 내용 |
| --- | --- | --- |
| 2 | 직접적인 작업지시 금지 | ① 하청직원들에 대한 작업지시가 필요하더라도 현장 대리인을 통해 우회적인 요청을 해야 함<br>② 하청작업에 대한 간섭 및 개입을 금지하고 특히 매일 작업내역에 보고 등은 중단 |
| 3 | 혼재근무 근절 | ① 원청 또는 하청직원의 공동작업이 아닌 단순한 혼재에 해당하더라도 근무장소를 분리해야 함<br>② 업무의 내용과 영역을 명확히 구분하여 상호 간섭 가능성을 제거해야 함 |
| 4 | 도급계약상 작업범위 명확화 | 작업방법, 순서 등 생산관리 및 근태 등 노무관리의 간섭이나 개입없이 하청회사가 자체적으로 수행하도록 작업범위를 명확화 |
| 5 | 작업표준서 개입금지 | ① 원청직원은 하청회사 작업표준서 작성시 개입하거나 간섭하지 말아야 함<br>② 하청회사는 자체적으로 작업표준을 개선하고 스스로 정한 방법과 순서에 따라 작업을 수행 |
| 6 | 작업환경의 하청업체 자율결정 | 교대근무편성, 인력배치권한 등 하청업체 자율결정 |
| 7 | 단가기준 정액구조로 전환 | 블록제작공정, 의장공정 등 공정별 계약조건을 단가기준으로  전환 |
| 8 | 보상구조의 하청자율결정 | 하청업체가 교대수당, 위험수당 등 지급여부, 지급액 등을 자율적으로 결정토록 함 |
| 9 | 원청과 하청의 시스템의 분리 | 원청의 생산계획시스템과<br>하청의 작업관리 시스템을 분리 |
| 10 | 안전관리 책임 명확화 | ① 안전사고 발생 시 하청업체 자체 지침에 따름<br>② 하청업체 자체 안전메뉴얼 및 교육<br>③ 하청업체 안전관리자 배치 및 하청업체 책임 강화 |

# 조선업종인 '○○ 오션' 사건에서
# '실질적 지배력'이 인정된 판결이
# 선고된 바 있는데, 그 이유는

서울행정법원 2025.7.25. 선고 2023구합55658·56231(적극)

[원청 회사의 사내하청 운영 현황]

❑ 2023.12.1. 기준으로 원고 회사와 도급계약을 체결한 하청업체는 131개, 하청업체에 소속되어 이 사건 사업장에서 선박 건조 업무에 종사하는 근로자의 수는 16,771명이다.

❑ 원고 회사와 도급계약을 체결한 하청업체는 '사내정식협력사', '사내임시협력사', '사내상주사외협력사' 등으로 구분되고, 그 중 사내정식협력사의 비중이 가장 높다(위 131개의 하청업체 중 102개 업체가 사내정식협력사에 해당한다. 사내정식협력사 중 설계 업무에 종사하는 업체도 있으나 대부분은 가공, 조립, 탑재, 선행의장 등 생산공정을 담당하고 있다). 이 사건 단체교섭 요구 당시 참가인 조합에 소속된 원고 회사의 하청업체는 아래와 같고, 이들 하청업체는 모두 '사내정식협력사'에 해당한다.

❑ 원고 회사 생산직 인원은 조선업 경기의 부침에 따라 편차가 있으나 원고 소속 직원보다 사내하청업체 소속 직원의 비중이 더 높고, 사내하청업체는 대부분 다른 조선업체로부터는 도급을 받지 않고 원고 회사와 전속적인 거래관계를 형성하고 있으며, 주로 설계 이후부터 시운전 이전 단계까지 직접적인 생산공정에 관여하고 있다.

## 1. 사내하청업체의 독자성

① 사내하청업체가 도급받은 업무가 하청업체 자체의 전문성을 결여한 채 소속 근로자의 노무제공에 중점을 두고 있고, 사내하청업체에 원청이 아닌 다른 업체와 도급계약을 체결하거나 병존적으로 별개의 도급계약을 체결하고 이를 이

행할 능력이 없으며, 원청과의 도급계약이 해지될 경우 기업의 존속이 불투명해지는 등 하청이 원청에 경제적으로 사실상 종속되어 있다면, 하청은 원청이 하청근로자의 근로조건에 대하여 직·간접적으로 개입하거나 결정한 사항에 대하여 거부하기 어렵게 된다.

② 피고의 현장조사에서 사내하청 협력사는 ⅰ) 수급업무 수행의 핵심적인 장비들을 원청으로부터 사용 대차 형식으로 제공받고, 원청이 당해 장비들에 대한 유지·보수·교체 등을 담당하며, ⅱ) 통상 소액의 임료를 지급하고 원청으로부터 임차한 사무실에 5명 내외의 사무직 근로자들이 근무하고 있고, ⅲ) 거의 모든 사내하청 협력사들은 다른 도급인과 별건의 도급계약을 체결하지 않고 원청의 선박 건조에 관한 수급 업무만을 수행하는 것으로 나타났는바, 원고 회사와 도급계약을 체결한 사내하청업체들(특히 참가인 조합에 소속된 직접 생산 공종에 관여하는 사내하청업체)은 대부분 규모의 영세성, 조선업종의 특수성 등으로 인하여 원고 회사와 전속적인 거래관계에 있었고, 경제적으로도 사실상 종속되어 있었던 것으로 보인다.

③ 사내하청업체는 원청 회사에 비하여 거래상 열위의 지위에 있고, 업무에 관련한 장비와 시설도 보유하고 있지 아니하여 사내하청업체가 독자적으로 결정할 수 있는 근로조건은 한정적이다.

## 2. 업무지시권의 행사주체

원청 회사는 사내하청업체 근로자에 대하여 메신저, 이메일 등을 통한 업무 지시를 하기도 하였는데, 업무 지시의 내용은 작업 상태에 관한 지적, 청소 및 정리정돈 상태에 관한 지적, 근무질서 캠페인 지시, 특근율 저조에 대한 지적, 주말 근무 지시 등 광범위한 영역에 걸쳐 있고, 이러한 업무 지시가 복수의 사내하청업체를 대상으로 반복적이고 빈번하게 이루어졌다.

## 3. 원청회사가 사내하청 노동자에게 성과급, 학자금 지급

원청 회사가 사내하청업체에게 상생 차원에서 경영지원금 명목으로 성과급, 학자금의 재원이 되는 돈을 지급한 측면이 있다고 하더라도, 그러한 지급이 장기간에 걸쳐 반복적으로 지속되어 사내하청업체 근로자의 급여 중 상당한 부분을 차지하게 되었고, 사내하청업체는 성과급, 학자금을 별도의 재원으로 마련하는 것이 아니라 원청 회사가 수요 조사를 통해 성과급, 학자금의 지급 총액을 결정하여 지급해준 돈으로 소속 근로자에 대한 성과급과 학자금을 전액 충당하고 있는 점에 비추어 보면, 사내하청업체 근로자에 대한 성과급과 학자금 지급에 대하여 원청 회사가 실질적이고 구체적인 지배력을 갖고 있는 것으로 봄이 타당하다.

## 원청 관리자가 특정 하청회사 직원 교체를 요구할 수 있는지

하청회사의 업무를 수행하기 위해 근로자를 선발·투입하는 것은 전적으로 하청회사의 결정사항이다. 따라서 원청 관리자(예를 들어 공장장 등)가 직접적으로 하청회사의 인력 교체를 요구하는 것은 불가능하다.

다만 협력작업의 목적 달성과 작업장 내 질서유지를 위해 최소한도의 범위 내에서 협력계약을 통해 인력운영의 전반적인 개선을 요구할 수 있다. 예를 들어 특정 직원으로 인해 작업환경이 지나치게 저해되는 경우, 협력계약 주관부서에 개선해야 할 사항을 전달하고 상의하여 추후에 품질평가 또는 계약갱신 거부 등으로 조치해야 한다.

## 33

# 공기업의 자회사 노조에 대한 '실질적 지배력'을 인정한 판례는 어떤 기준으로 '실질적 지배력'을 인정하였는지

① 공항 시설 건설 및 관리업무를 수행하는 공사가 공공부문 비정규직 근로자의 정규직 전환정책에 따라 설립한 자회사에게 지급하는 용역대금은 고정비와 변동비를 합산한 금액에 부가가치세를 포함한 금액으로 산정되고, 위 **고정비는 노무비, 법정경비, 복리후생비, 기타 경비와 위 항목을 합산한 금액에 일정비율을 곱하여 산정**된 일반관리와 이윤을 포함하고 있다.

② 위와 같이 용역관리비에 이 사건 근로자들에게 지급되는 노무비를 포함하고 있고, 공사의 주장에 의하더라도 **용역비의 산정은 〈2020년 아웃소싱 용역대가기준 고시〉를 적용하여 결정**한다는 것이므로 공사는 적어도 이 사건 근로자들의 임금수준에 대하여 실질적이면서 구체적으로 지배·결정할 수 있는 지위에 있으므로, 노동조합법 상 부당노동행위 금지의무를 준수하고 구제명령을 이행하여야 할 사용자에 해당한다.

※ 다만, 위 판례에서 공기업의 개별행위에 대해 부당노동행위 의사가 인정되지 않는다는 이유로 부당노동행위 성립은 부정함.

**34**

# 농협중앙회의 그 회원(단위)농협 근로자에 대한 '실질적 지배력'을 부정한 판례는 어떤 근거로 '실질적 지배력'을 부정하였는지

**대전지법 2018. 5. 31. 2017구합102876(농협중앙회 사건)**

① 농협법에 의하면, 농협중앙회의 그 회원(단위)농협 등 지역조합은 각각 별개의 법인으로서, 농협중앙회는 회원들의 업무에 관하여 이를 지원, 지도, 감사할 수 있다고 규정하고 있을 뿐이고, 단위 농협과 그 근로자들 사이의 개별 근로관계나 근로조건의 형성에 직접 개입할 수 있다는 내용의 규정은 두고 있지 아니하다

② 농협중앙회는 조합운영위원회를 통하여 그 회원(단위)농협의 업무에 관여하여 왔으나, 회원규정에 따르면 그 업무범위는 해당 농협의 **'사업'에 관련된 내용**으로서 근로자들의 **근로조건에 대한 내용은 여기에 포함되지 아니한다.**

③ 농협중앙회가 인사에 관한 공통의 모범규정을 제정하고, 그 회원(단위)농협에도 이를 통보하였으나, 제규정관리규정(모범안)에 따르면, 이러한 **인사규정은 그 회원**(단위)**농협의 실정에 맞게 자유로이 변경**할 수 있는 것으로 규정하고 있고, 인사규정 모범안의 규정 형식도 각 지역농협의 상황에 맞게 각기 다른 규정을 둘 수 있도록 작성된 사정에 비추어 보면, 농협중앙회가 작성한 인사규정이 그 회원(단위)농협에 대하여 구속력이 있는 것이라고 볼 수는 없다.

# 35

# 법령·조례 또는 국회에서 예산 심의·의결로 정한 기준을 정부 또는 지자체가 집행하는 경우, 정부 또는 지자체장이 실질적 지배력을 가지는 사용자가 될 수 있는지

1. 공공부문에서는, 법령·조례나 국회에서 예산 심의·의결로 정한 기준을 정부가 집행하는 경우, 이는 국민에게 제공되는 행정서비스 내용과 수준과 관련된 공공정책의 결과로서 본질적으로 개별 노사간 교섭할 수 있는 대상으로 보기는 어렵다.

2. 다만, 정부가 예산 집행 과정에서 실제로 구체적인 근로기준을 정하거나 조정할 수 있는 재량이 있는지 여부, 현장 운영기관이 근로조건의 결정 자율성을 갖는지 여부 등을 종합적으로 살펴보아야 하고, 개별 사안별로도 판단할 필요가 있을 것이다.

3. 사립학교 교직원의 경우, 교육시간 등 근무조건은 사립학교법령에 따라 정해지므로, 관할 교육감에 대해 '실질적 지배력을 가지는 사용자'로 보기에는 어렵다.

4. 판례에서도 서울시가 지원하는 개별 버스운송사업자 소속 버스기사에 대해 '실질적 지배력'을 부정한 바 있다.

① 이 사건 준공영제의 특성에 비추어 보면, 이 사건 준공영제 중 노선 입찰 준공영제의 경우, 지방자치단체가 노선별 운송원가 내지 기초금액에 따라 원고 노조에 가입한 근로자들의 **인건비 지원 상한액인 한도금액을 제시**하고, 원고 노조에 가입한 근로자들이 개별 운송사업자로부터 지급받는 임금이 한도금액의 범위를 크게 벗어 나지 않는다고 하더라도,

② **이는 법령 및 이 사건 조례에 근거한 지방자치단체의 권한을 행사한 결과일 뿐,** 지방자치단체가 직접 원고 노조에 가입한 근로자들의 근로조건을 결정한 결과라고 보기는 어렵다.

**36**

# 100% 지분을 보유한 모기업은
# 자회사에 대해 사용자 지위를 가지는지

1. 일본 兵庫県 효고현 노동위 결정 : 兵庫県労委 平成30年3月22日命令

**일본 兵庫県(효고현)노동위 결정 : 兵庫県労委 平成30年3月22日命令(소극)**

① 자회사 노동조합이 모회사를 상대로 자회사 공장의 폐쇄에 따른 퇴직조건에 관한 단체교섭을 요구한 것에 대해 모회사가 자회사 노동조합은 단체교섭의 당사자가 아니라는 이유로 그 교섭을 거부한 바,

② 모회사의 자회사에 대한 지배력과 관여는 기업그룹의 경영전략 관점에서 이루어진 관리·감독의 범위를 넘지 않았고 특히 퇴직조건에 대해서 모회사의 임원을 겸임하지 않은 자회사의 대표이사가 중심이 돼 자율적으로 결정한 점 등을 감안하여 볼 때, 모회사가 자회사의 노동관계를 지배하거나 퇴직조건에 대해 근로계약상 사용자와 동일시할 수 있을 정도로 구체적으로 결정권을 행사한 것으로 인정할 수 없다.

2. 일본 동경고법 판례 : 東京高裁 令和4年1月27日判決

**일본 동경고법 판례 : 東京高裁 令和4年1月27日判決(소극)**

① 모회사에서 분할 신설된 자회사들의 근로자가 소속된 노동조합이 모회사를 상대로 기본적인 근로조건에 관해 단체교섭을 요구한 것에 대해 모회사가 자회사들 노동조합은 단체교섭의 당사자가 아니라는 이유로 그 교섭을 거부한 바,

② 모회사와 자회사들은 별개의 법인으로서 서로 다른 사업을 영위하고 있고, 자회사들은 그 이사회를 통해 기업활동을 관리·운영하며, 자회사들은 독자의 취업규칙을 갖고서 독자적으로 인사를 행하고 있고, 자회사들의 임원을 겸임하고 있는 모회사의 임원이 모회사의 이익을 우선시한 사정은 없으며, 모회사의 자회사들에 대한 경영의 관여가 경영전략적 관점에서 행하는 관리·감독의 영역을 넘어 자회사들의 근로자를 자기의 지휘명령에 따라 그 업무에 종사케 하거나 채용·배치, 담당업무, 근무시간, 대우 등을 일상적으로 파악해 이를 좌우했다는 등의 사정은 인정되지 않음을 감안하여 볼 때, 모회사가 자회사 소속 근로자의 기본적인 근로조건에 관해 현실적·구체적으로 지배·결정하는 지위에 있다고 인정되지 않는다.

**37**

# 원청이 공장 구내식당에서 조리·배식 업무를 맡고 있는 사내 하청업체에 대해 메뉴 식단표를 작성·제시할 경우 사용자 지위가 인정되는지

❏ 공장 구내식당에서 조리·배식 업무를 맡고 있는 사내 하청업체에 '식사시간에 맞추어 조리·배식업무를 해달라'고 요구하는 것은 통상적인 계약일정 조율로 볼 수 있어 이것만을 이유로 '구조적 통제'로 인정될 수 없다.

〈보충 판례〉

**구내식당 조리원 사건(대법 2025. 9. 26, 2022다276369) 불법 파견 부정**

(1) 사안의 개요

타이어 회사(원청, 피고) 협력업체에 입사해 타이어 공장 내 구내식당에서 조리 및 배식 업무를 수행한 조리원들(원고들)의 원청회사 근로자지위확인 청구 사건

(2) 쟁점

원청 소속 영양사가 작성·제공한 '주간 메뉴표'가 구속력 있는 업무상 지시인지 여부

(3) 판결

① 주간 메뉴표가 도급 업무의 범위를 지정하는 것을 넘어 그 업무 수행 자체에 관해 구속력 있는 지시를 하는 것이라고 보기 어렵다.

② 실질적 편입 여부는 단순한 '업무의 필요성'이 아닌 '원하청 간 업무의 구별성'을 기준으로 판단해야 한다. 원고들의 조리·배식 업무는 피고의 주된 업무인 타이어 제조·생산 업무와 명백히 구별되므로 원고들이 피고의 사업에 실질적으로 편입됐다고 인정하기 부족하다.

(4) 시사점

도급 업무의 결과물을 확보하기 위해 도급업체가 수급업체에 표준화된 기준이나 목표를 제시하는 것은 합법 도급 범위 내의 영역이라는 것이다. 예컨대 구내식당 조리 업무를 도급할 경우 식사의 맛, 안전 등을 위해 표준화된 레시피를 제시하는 것, 건물 수리 업무를 도급할 경우 그 수리 완성을 위해 건물 설계도 및 시방서를 제공하는 것 등은 합법 도급의 범주에 속한다고 할 것이다.

# 38

# 원청이 청소용역업체에 일별 작업장소를 배정하거나 결과기준을 제시할 경우 사용자 지위가 인정되는지

❑ 공장관리자가 청소용역업체에 일별 작업장소를 배정하거나 결과기준을 제시하는 경우, 통상적인 계약일정 조율로 볼 수 있어 이것만을 이유로 '구조적 통제'로 인정될 수 없다.

**39**

# 원청이 전산장비 유지보수업체에 여러 경로로 접수된 장애(고장) 신고에 대해 처리를 요청하는 경우, 사용자 지위가 인정되는지

❑ 전산장비 유지보수업체에 여러 경로로 접수된 장애 고장  신고 처리나 근무시간 이후 서버점검 등을 수행해달라고 요청하는 경우, 통상적인 계약일정 조율로 볼 수 있어 이것만을 이유로 '구조적 통제'로 인정될 수 없다.

# 40

# 물품 완성 일정에 맞춰서 업무를 해달라고 요구하거나 설계 도면대로 작업을 해달라고 요청하는 경우, 사용자 지위가 인정되는지

❑ 물품 완성 일정에 맞춰서 업무를 해달라고 요구하거나 설계 도면대로 작업을 해달라고 요청하는 것은 통상적인 계약일정 조율로 볼 수 있어 '구조적 통제'로 인정될 수 없다.

〈보충 판례〉

**제약회사 야간 클리닝 업무 사건**(대법 2025. 9. 25, 2025다213424)**, 불법파견 부정**

(1) 사안의 개요

제약회사(원청, 피고) 협력업체에 입사해 원청의 생산공장에서 야간 클리닝 업무를 수행한 자들(원고들)이 피고에 대해 파견법에 따른 고용의 의사표시를 청구한 사건.

(2) 쟁점

피고가 작성한 표준작업지침서(Standard Operating Procedure, SOP)가 원고들에 대한 상당한 지휘·명령에 해당하는지 여부.

(3) 판결 요지

① SOP는 미국 식품의약국(FDA) 등이 요구하는 제조품질관리기준에 따라 필수

적으로 요구되는 객관적인 정보를 제공하는 것으로서 SOP에 따라 업무를 수행해야 한다는 이유만으로 업무상 지휘·명령을 한 것으로 볼 수 없다

② 특히, 야간 클리닝팀이 SOP에 어긋나지 않는 범위 내에서 상당한 재량을 발휘할 수 있었다

③ 또한 피고의 주된 업무인 의약품 생산과 원고들의 야간 클리닝 업무는 본질적으로 차이가 있고 연관성이 없는 별개의 업무이므로, 원고들이 피고의 사업에 실질적으로 편입되었다고 볼수 없다.

## (4) 시사점

① 원청이 하청업체 근로자에게 준수하도록 요구하는 작업 기준이 구체적일 수밖에 없다면 그 기준이 국제기준이나 관계 법령, 정부 당국의 지침 등에 기초한 객관적이고 불가피한 기준임을 명확히 하여야 할 것이다.

② 또한 도급계약의 범위 외 영역에서는 하청업체에 상당한 재량을 보장하는 것이 바람직하다.

③ 그리고 원청의 주된 업무와 명확히 구분되는 부수적 업무에 한해 도급계약을 체결하여 원청의 사업에 실질적으로 편입됐다고 판단될 가능성을 사전에 차단할 필요가 있다.

# 원청이 하청노동자에게 동일 사업장 내 지정된 작업구역을 사용해달라고 요청하는 경우, 사용자 지위가 인정되는지

☐ 같은 사업장 내에서 일한다고 하더라도 지정된 작업구역을 사용해 달라고 요청하는 경우, 이것만을 이유로 '구조적 통제'로 인정될 수 없다.

**42**

# 원청이 하청노동자에게 작업장 내 자재·폐기물 관리 방식을 준수해달라고 하는 경우, 사용자 지위가 인정되는지

❑ 작업장 내 자재·폐기물 관리 방식을 준수해달라고 하는 경우, '구조적 통제'로 인정될 수 없다. 특히 작업 투입 인원이나 순서를 조정한다고 해도 동시에 작업하는 다른 하청업체와의 공정 충돌 방지 등 현장 운영상 필요에 따른 조치라면 이것만을 이유로 '구조적 통제'로 보기 어렵다.

<h1 style="text-align:center">43</h1>

# 원청이 하청노동자에게 생산정보를 공유해달라고 요청하거나, 민원 발생 시 원인 파악과 대응을 요청하는 경우, 사용자 지위가 인정되는지

❑ 생산효율화를 위해 근로자의 근로조건에 직접 영향을 미치지 않는 범위 내에서 시스템 등을 통해 생산정보를 공유해달라고 요청하거나, 민원 발생 시 원인 파악과 대응을 요청하는 경우, 이것만을 이유로 '구조적 통제'로 인정될 수 없다.

# 원청이 하청노동자에게 출입·보안 통제할 경우, 사용자 지위가 인정되는지

❑ 원청이 출입·보안만 통제하는 정도, 시설을 제공하고 기본관리만 하는 경우 그 자체로는 '구조적 통제'로 보기 어렵다.

PART

# 4

# 원청의 하청노조에 대한 단체교섭 범위(교섭의제)

| 2026.3.9.이전 | 2026.3.10.이후('노란봉투법') |
| --- | --- |
| 노조법 제2조(정의) 이 법에서 사용하는 용어의 정의는 다음과 같다.<br>1. 생략<br>2. "사용자"라 함은 사업주, 사업의 경영담당자 또는 그 사업의 근로자에 관한 사항에 대하여 사업주를 위하여 행동하는 자를 말한다. | 2. "사용자"라 함은 사업주, 사업의 경영담당자 또는 그 사업의 근로자에 관한 사항에 대하여 사업주를 위하여 행동하는 자를 말한다. <u>이 경우 근로계약 체결 당사자가 아니더라도 근로자의 근로조건에 대하여 실질적으로 구체적으로 지배·결정할 수 있는 지위에 있는 자도 **그 범위에 있어서는 사용자로 본다**</u>(후단 신설) |

# 45

## '실질적 지배력'이 인정되면 하청노조는 원청에 대해 포괄적 단체교섭을 요구할 수 있는지

아니다. 개정노조법 제2조 제2호에서 "실질적이고 구체적으로 지배·결정할 수 있는 지위에 있는 자도 '그 범위'에 있어서는 사용자로 본다"고 규정하고 있으므로, 원청이 하청노조에 대하여 사용자 지위가 인정된다고 하더라도, 원청은 하청노조에 대해 포괄적으로 사용자 지위가 인정되는 것이 아니라, 하청근로자의 근로관계에 실질적인 권한을 행사하는 부분 또는 교섭의무가 인정된 특정 교섭의제에 한정되어 그 범위 내에서 사용자 지위를 가지게 된다.

### 중노위 2022. 12. 7. 중앙2022교섭42(○○제철 사건)

노동조합법상 사용자 개념이 원청까지 확대된다고 하더라도 이는 제3자인 **원청에게 교섭의무가 인정된 특정 교섭의제에 한정**되는 것이고, 기본적인 단체교섭은 하청의 사업 또는 사업장에서 여전히 이루어지는 것이기 때문이다. 원청은 하청과 무관하게 독자적으로 하청노동조합에 대해 교섭의무를 부담하는 것이 아니고, 하청사업주와 중첩적으로 부분적인 교섭의무를 부담하는 데 그친다.

## 단체교섭의 유형

단체교섭의 유형은 노동조합의 조직형태에 따라 달라지는데 이를 크게 5가지 형태로 나누어 볼 수 있다. ①「기업별 교섭」은 특정 사업 또는 사업장 단위의 기업별노조와 그 상대방인 사용자간에 이루어지며, 기업별 노조가 대부분인 우리나라에서 주로 나타나는 교섭방식이다. ②「통일교섭」은 산업별·직종별 노조와 이에 대응하는 산업별·직종별 사용자 단체 간에 이루어지는 교섭방식으로서 노동조합의 강한 교섭력을 바탕으로 해당 산업이나 직종의 근로조건을 통일화 하는데 유리한 교섭 방식이다. ③「대각선 교섭」은 기업별 노조의 위임을 받은 상부단체가 독자적으로 해당 기업의 사용자와 교섭하는 방식으로 상부단체의 강한 교섭력으로 사용자를 압박할 수 있다. ④「공동교섭」은 단위노조의 교섭에 상부단체가 함께 참여하여 사용자와 교섭하는 방식을 의미한다. ⑤「집단교섭」이란 여러 개의 단위노조가 공동으로 해당 사용자 집단에 대하여 교섭하는 방식이다.

**46**

# 원청의 사용자성이 인정될 경우,
# 하청사업주는
# 단체교섭 사용자 지위를 상실하는지

아니다. 하청사업주는 원청사업주와 중첩적으로 교섭의무를 부담한다.

**중노위 2022. 12. 7. 중앙2022교섭42(○○제철 사건)**

노동조합법상 사용자 개념이 원청까지 확대된다고 하더라도 이는 제3자인 원청에게 교섭의무가 인정된 특정 교섭의제에 한정되는 것이고, 기본적인 단체교섭은 하청의 사업 또는 사업장에서 여전히 이루어지는 것이기 때문이다. 원청은 하청과 무관하게 독자적으로 하청노동조합에 대해 교섭의무를 부담하는 것이 아니고, **하청사업주와 중첩적으로 부분적인 교섭의무를 부담**하는 데 그친다.

# 원청의 사용자성이 인정될 경우 교섭의제의 유형은 어떤 것들이 있는가

| 근로조건 | 예시 |
|---|---|
| 노동안전 | [작업장·설비에 대한 지배·관리]<br>• 원청 소속 근로자와 하청 근로자가 동일한 사업장·작업공간에서 혼재하여 근무하는지 여부,<br>• 해당 작업에 사용되는 주요시설·장비·설비·작업공간 등이 원청의 소유 또는 관리 하에 있어 안전시설 개선 권한이 원청이 집중되어 있는지 여부 등<br><br>[안전예산에 대한 결정권 행사]<br>• 안전 관련 예산(안전시설 설치·보강 등)의 편성·집행에 관하여, 지급·지원 여부, 수준, 범위, 교체·추가 지급 승인 등을 원청이 결정하고, 하청사용자는 그 범위 내에서만 이행할 수 있는지 여부 등<br><br>[구조적 안전개선에 대한 결정·집행 권한의 집중]<br>• 안전시설 등 개선 필요성의 인정, 개선 범위·시기·방법의 결정 및 예산 배분을 원청이 사실상 전적으로 담당하여, 하청 근로자의 안전수준 향상 여부가 원청의 구조적 개선 의사·결정에 직접적으로 의존하는지 여부<br>• 해당 사업장의 안전보건관리체계를 원청이 총괄적으로 구축·운영하고, 그 체계 아래 하청사용자의 안전조직 및 하청 근로자가 편입되어 지휘·감독을 받는 구조인지 여부 등 |
| 작업환경 | • 하청 근로자가 사용하는 사무공간·창고·휴게공간의 사용 가능 구역, 이용시간, 사용 인원 상한 등을 원청이 구체적인 기준을 정하고, 그에 따라 하청사용자가 기준에 따를 수밖에 없는 구조인지 여부<br>• 작업환경 개선(소음 차단, 냄새·분진 저감, 조명 변경, 공조시설 확충 등)의 필요성이 제기되었을 때, 개선 여부·범위·시기를 결정할 권한과 예산이 원청에게만 있 |

| 근로<br>조건 | 예시 |
|---|---|
| | 어 하청 근로자의 작업공간 환경이 원청의 결정에 따라 실질적으로 좌우되는지 여부 등 |
| 복리<br>후생 | • 하청 근로자의 성과급·상여금 지급 여부 및 수준, 성과평가에 원청이 구체적으로 영향을 미치거나, 원청이 정한 평가·등급(프로젝트 평가, 공정별 실적지표, 고객만족도 등)에 직접 연동되어 있는지 여부<br>• 하청 근로자의 복리후생(식대, 교통비, 복지포인트, 선택적 복지 한도 등)을 원청이 일방적으로 축소·조정하거나, 그 조정 여부를 실질적으로 결정하는지 여부<br>• 복리후생 관련 불만·민원·이의제기가 발생한 경우, 실질적으로 원청이 해결방안(지급 여부, 수준, 대상 범위 등)을 정하고, 하청사용자는 집행 역할에 그치는 구조인지 여부 등 |
| 근로<br>시간 | • 원청이 교대제 변경(예: 2조2교대→3조2교대), 탄력근로제·집중근무시간대 도입·변경 여부를 사실상 결정하고, 하청사용자는 그 결정에 따라 근무형태를 조정할 수밖에 없는지 여부<br>• 하청사용자가 주·월 단위 근무표·근무스케줄을 작성하더라도, 이를 원청에게 사전 제출·승인을 받아야 하고, 원청이 인원·시간대·교대구성을 구체적으로 수정·조정하는 관행이 있는지 여부 등<br>• 하청 근로자의 시차출퇴근, 조퇴·지각 허용, 교대 변경, 대체근무 신청에 대해, 하청사용자가 아니라 원청의 승인 등 절차를 통해야만 실제 근무시간 변경이 가능한 구조인지 여부 |
| 임금<br>수당 | • 원청이 하청 근로자의 임금테이블을 제시하여 계약 사용자의 관련 근로자에 대한 보상결정 재량을 본질적으로 제한하는 경우<br>• 위험·특근·연장수당 등 각종 수당 지급기준 및 금액을 원청이 통제하는지 여부 등 |

**48**

# ○○택배 사건 판례에서,<br>원청의 사용자 지위를 인정한<br>교섭의제는 무엇이었는지

**서울고법 2024. 1. 24 2023누34646(○○택배사건)**

① 급지수수료 인상·개선

② 서브터미널에서 배송상품 인수시간 단축

③ 서브터미널에서 집화상품 인도시간 단축

④ 서브터미널 작업환경 개선 : 택배기사 1인당 1주차장 보장 등

⑤ 주5일제 실시

⑥ 사고부책 개선

**49**

# ○○택배 사건 판례에서, 원청의 사용자성을 인정한 경우, 원청은 '단독사용자 지위'를 가지는지, 하청사용자와 '공동사용자 지위'를 가지는지

| 노조요구사항 | 서울고법 2024.1.24., 2023누34646 |
| --- | --- |
| ① 급지수수료 인상·개선 | ① 집배점과 공동사용자 |
| ② 서브터미널에서 배송상품 인수시간 단축 | ② 원청 단독사용자 |
| ③ 서브터미널에서 집화상품 인도시간 단축 | ② 원청 단독사용자 |
| ④ 서브터미널 작업환경 개선<br>　–택배기사 1인당 1주차장 보장 등 | ④ 집배점과 공동사용자 |
| ⑤ 주5일제 실시 | ⑤ 집배점과 공동사용자 |
| ⑥ 사고부책 개선 | ⑥ 집배점과 공동사용자 |

# 50

# ○○제철 사건에서 판례가
# 원청의 사용자성을 인정한 교섭의제는
# 무엇이었는지

| 노조요구 교섭의제 | 판례(서울행법 2025.7.25. 2022구합69230)<br>인정 교섭의제 |
|---|---|
| ① 산업안전보건,<br>② 차별시정,<br>③ 직고용, 불법파견 해소<br>④ 자회사 채용중단 | ① 산업안전보건<br><br>※ 단, 2026. 3. 10. 이후 개정노조법에 의해 '노동쟁의'의 범위 확대에 따라, 〈③ 직고용, 불법파견 해소〉는 교섭의제로 채택될 수 있을 것으로 예상 |

# 51

## 하청노조가 원청을 상대로 '하청 근로자를 직고용하라'는 교섭의제를 요구할 수 있는지

개정 노조법 제2조 제4호에서 '노동쟁의'의 범위에 '근로자의 지위 기타 대우 등 근로조건의 결정에 관한 주장의 불일치'가 추가되었음을 감안하여 볼 때, "징계·승진 등 기준 변경", "당사자 간 고용형태 변경", "사실상 불법파견", "원청이 도급대금 등 결정에 있어서 인원 數를 반영하고 있는 등 실질적 지배력 인정" 등의 경우, '하청 근로자를 직고용하라'는 교섭의제를 요구할 수 있을 것이다.

노조법 제2조【정의】이 법에서 사용하는 용어의 정의는 다음과 같다.

4. "노동쟁의"라 함은 노동조합과 사용자 또는 사용자단체(이하 "勞動關係 當事者"라 한다)간에 임금·근로시간·복지·해고·**근로자의 지위** 기타 대우 등 **근로조건의 결정**과 근로조건에 영향을 미치는 사업경영상의 결정에 관한 주장의 불일치 및 제92조 제2호 가목부터 라목까지의 사항에 관한 사용자의 명백한 단체협약 위반으로 인하여 발생한 분쟁상태를 말한다(2026.3.10.시행).

# 52

## ○○조선 사건에서 판례가
## 원청의 사용자성을 인정한
## 교섭의제는 무엇이었는지

| 노조요구 교섭의제 | 서울행법(2025.7.25. 2023구합55658)<br>인정 교섭의제 |
|---|---|
| ① 성과급 지급<br>② 학자금 지급<br>③ 노조활동 보장<br>④ 산업안전<br>⑤ 취업방해금지 | ① 성과급 지급<br>② 학자금 지급<br>④ 산업안전 |

## 53

# 산업안전보건법 및 중대재해처벌법에는, 원청의 사업주로 하여금 실질적으로 지배·운영·관리하는 사업(장)에서 종사자의 안전관리조치 등 이행의무규정을 두고 있는 바, 원청이 하청에 대해 안전관리조치를 하면, 역으로 "실질적 지배 사용자"가 됨에 따라 하청노조의 단체교섭 요구에 응하여야 하는지

원고회사가 사업장의 설비, 작업내용, 작업방식, 작업일정 등 사업장 내에서 근무하는 모든 근로자들의 안전과 관련한 요소를 지배·통제하고 있는 이상, 안전지침을 마련하거나 그 이행을 감독하는 것이 관련 법령에 따른 도급인의 의무이행이라는 측면을 가지고 있다고 하더라도 그러한 사정만으로 원고 회사의 실질적인 지배력이 부인될 수 없다. 다만 '안전관리' 교섭의제에 한하여 교섭의무가 있는 것이지 포괄적 의제에 교섭의무가 있는 것은 아니다

# 하청노조가 노조사무실, 근로시간면제자 등을 교섭의제로 하여 원청업체에 단체교섭을 요구할 수 있는지

노조법 제2조 제2호에서 "'사용자'라 함은 근로계약 체결 당사자가 아니더라도 '근로자의 근로조건'에 대하여 실질적이고 구체적으로 지배·결정할 수 있는 지위에 있는 자도 그 범위에 있어서는 사용자로 본다"고 규정하고 있는 바, 원청은 '하청 근로자의 근로조건'에 대하여 실질적, 구체적 지배를 가지는 것이므로 하청노조가 원청에게 노조사무실 제공, 근로시간면제자 등 근로조건에 해당되지 않는 교섭의제는 요구할 수 없다.

PART 5

# 원청 사업주와 하청노조 간 단체교섭 절차

📖 **노동조합법 제29조의2(교섭창구 단일화 절차)** ① 하나의 사업 또는 사업장에서 조직형태에 관계없이 근로자가 설립하거나 가입한 노동조합이 2개 이상인 경우 노동조합은 교섭대표노동조합을 정하여 교섭을 요구하여야 한다.

📖 **노동조합법 제29조의3(교섭단위 결정)** ① 제29조의2에 따라 교섭대표노동조합을 결정하여야 하는 단위(이하 "교섭단위"라 한다)는 하나의 사업 또는 사업장으로 한다.

② 제1항에도 불구하고 하나의 사업 또는 사업장에서 현격한 근로조건의 차이, 고용형태, 교섭 관행 등을 고려하여 교섭단위를 분리하거나 분리된 교섭단위를 통합할 필요가 있다고 인정되는 경우에 노동위원회는 노동관계 당사자의 양쪽 또는 어느 한쪽의 신청을 받아 교섭단위를 분리하거나 분리된 교섭단위를 통합하는 결정을 할 수 있다.

④ 교섭단위를 분리하거나 분리된 교섭단위를 통합하기 위한 신청 및 노동위원회의 결정 기준·절차 등에 관하여 필요한 사항은 대통령령으로 정한다

**55**

# 하청노조가 원청에 단체교섭 요구 시, 원청노조와 교섭단위분리 및 교섭창구단일화 절차를 거쳐야 하는지

① 원청노동조합원은 해당 교섭단위 내에 있는 교섭당사자가 아니므로, 하청노동조합원과 원청사용자 간 교섭에 있어 전체 하청노동조합원과 원청노동조합원 간 교섭단위 분리 및 교섭창구 단일화 절차는 거칠 필요가 없다.

② 하청노동조합원과 원청노동조합원은 교섭권의 범위 및 사용자의 책임 범위, 근로자의 특성, 이해관계, 근로조건 결정 방식 등에 있어서 본질적인 차이가 존재하며, 전체 하청노동조합원은 하청사용자를 달리하더라도 계약외사용자인 원청사용자를 공유한다는 이해관계의 공통성을 가지고 있으므로, 전체 하청노동자 집단이 동일한 교섭단위에 속한다.

③ 하청노동조합과 원청사용자 간 교섭에서 교섭단위는 '전체 하청노동자 집단'이므로, 해당 교섭단위에서 복수의 하청노동조합이 있는 경우에는 해당 하청노동조합원 간 교섭창구단일화 절차를 거쳐 교섭대표노동조합을 정하여 원청사용자와 교섭을 진행한다.

# 56

# 일본의 경우에도 하청노조가 원청에 단체교섭 요구 시, 원청회사와 교섭창구단일화 절차를 거치는지

일본 노동조합법에는 〈사용자의 개념〉, 〈교섭단위분리제〉 및 〈교섭창구단일화제〉 등에 관한 규정을 두고 있지 않으므로, 일본에서는 하청노조가 교섭단위별 교섭창구단일화 절차를 거치지 않고, 하청노조 간 자율적 단일화 공동교섭 또는 개별교섭을 하고 있다.

**〈우리나라와 일본의 원하청노조 또는 하청노조간 단체교섭 구조〉**

| 구분 | 우리나라 | 일본 |
|---|---|---|
| 노조법상 사용자 관련법 규정 유무 | 있음 | 없음 |
| 하청노조의 원청 단체교섭 근거 | – 2018년 이후 하급심 판례<br>– 2026.3.10.개정 노조법 신설 | 판례(일본최고재판소1995.2.28.아사히방송사건)에 의해 확립 |
| 원청의 사용자성 인정기준 | 실질적 지배력(구조적 통제) | 실질적 지배력(구조적 통제) |
| 포괄적 교섭의제 | 부정 | 부정 |
| 복수 하청노조의 원청상대 단체교섭제도 | – 교섭단위분리제도<br>– 교섭창구단일화제도<br>– 자율적단일화(공동교섭)<br>– 개별교섭제도 | – 자율적단일화(공동교섭)<br>– 개별교섭 |

**57**

# 원청 사업주는 기존 원청노조와 체결한 단체협약이 있는 경우, 그 유효기간 내에 있음을 이유로 하청노조의 교섭을 거부할 수 있는지

1. 하청노동조합 원과 원청노동조합 원은 교섭권의 범위 및 사용자의 책임 범위, 근로자의 특성, 이해관계, 근로조건 결정 방식 등에 있어서 본질적인 차이가 존재하므로, 별개 교섭단위이다.

2. 따라서, 원청 사업주는 기존 원청노조와 체결한 단체협약이 있는 경우, 그 유효기간 내에 있음을 이유로 하청노조의 교섭요구를 거부할 수 없다.

### 보충설명 20

## 단체협약의 유효기간

### 1. 유효기간 : 원칙

단체협약에는 3년을 초과하는 유효기간을 정할 수 없고, 단체협약에 그 유효기간을 정하지 않은 경우 또는 3년을 초과하는 유효기간을 정한 경우에 유효기간은 3년으로 한다(노조법 제32조 제1항, 제2항). 노조법에서 단체협약의 유효기간을 최대 3년으로 정한 것은 단체협약의 유효기간을 너무 길게 할 경우 사회적·경제적 여건의 변화를 수시로 반영할 수 없게 된다는 점을 고려한 것이다(대법 2012다71138, 2015.10.29.).

## 2. 법내 자동연장

단체협약의 유효기간이 만료되는 때를 전후하여 당사자 쌍방이 새로운 단체협약을 체결하고자 단체교섭을 계속하였음에도 불구하고 새로운 단체협약이 체결되지 않은 경우에는 별도의 약정이 있는 경우를 제외하고는 종전의 단체협약은 그 효력만료일부터 「3월까지」 계속 효력을 갖는다(노조법 제32조 제3항 본문). 이는 당사자의 협약 체결 노력을 격려하기 위한 정책적 고려에서 무협약 상태로부터 기존 협약을 3개월 동안 유예하는 것으로서 단체협약의 「규범적 효력」과 「채무적 효력」 모두 연장된다.

## 3. 약정 자동연장

「자동연장조항」이라 함은 단체협약에 그 유효기간이 경과한 후에도 새로운 단체협약이 체결되지 않은 때에는 새로운 단체협약이 체결될 때까지 종전 단체협약의 효력을 존속시킨다는 취지의 별도의 약정이 있는 경우에는 그에 따르는 것을 의미한다. 자동연장조항이 있다 하더라도 당사자 일방은 해지하고자 하는 날의 6월전까지 상대방에게 통고함으로써 종전의 단체협약을 해지할 수 있다(노조법 제32조 제3항 단서). 자동연장조항은 언제나 체결할 수 있으며, 유효기간을 무제한으로 연장할 수 있는데, 이는 교섭타결의 지연에 따른 무협약 상태를 피하기 위해 법률로서 효력을 인정한 것이다.

# 58

# 고용노동부의 원하청노조 교섭절차 추진 방침은

출처 : 김영훈 고용노동부 장관 언론 브리핑(2025.11.24.)

1. 원청과 하청노조가 자율적인 교섭이나 공동교섭에 동의하면 합치된 의사에 따라 교섭을 진행한다

2. 합의에 이르지못한 경우, 창구단일화 절차를 진행하되, 하청노조의 교섭권을 최대 보장한다.

3. 원칙적으로 원·하청노조 간 교섭단위는 분리한다.

4. 교섭단위 분리 및 창구단일화 과정에서 근로조건 중 하나라도 실질적 지배력이 인정되면 원청이 사용자로서 교섭절차를 진행하여야 한다

5. 노동위원회의 사용자성 인정에도 불구하고 교섭불응시 노동관서 지도 및 부당노동행위 사법처리를 통해 교섭을 촉진한다

6. 교섭의제별 사용자성 여부에 대해 '사용자성 판단지원 위원회'를 설치하여, 교섭 전후 언제든지, 교섭당사자 누구라도 사용자성 여부에 대해 신청할 수 있도록 한다.

# 59

# 특정 하청노조가 원청을 상대로 교섭을 하고자할 경우, 먼저 하청노조간 교섭단위 분리 신청을 하고, 노동위원회로부터 교섭단위 분리결정 후에 원청에 교섭을 요구하여야 하는지

① 아니다. 교섭창구단일화절차는 노동조합법 시행령 제14조의 3 <sub>교섭사실공고</sub> 부터 제14조의11 <sub>교섭단위 분리</sub> 의 과정이 있는데, 일련의 순환구조로 되어 있으므로, 특정 하청노조가 원청을 상대로 교섭을 하고자할 경우,

② 특정 하청노조는 하청노조간 교섭단위 분리신청하지 않고, 원청에 교섭요구를 하여 원청이 스스로 실질적 지배력을 가지는 사용자로 판단하고 교섭에 응하여 교섭창구단일화 절차 <sub>교섭사실공고 등</sub> 를 진행할 수도 있다.

**60**

# 원청과 복수의 하청노조 간 교섭절차는 어떻게 진행되는지

1. 자율교섭

원청 교섭단위에서 원청노조와 하청노조 간, 또는 하청노조 전체 합의하에 자율교섭 또는 공동교섭이 가능하다.

2. 자율교섭 없이 특정 노조가 교섭을 요구

가. 특정 하청노조가 원청기업에 교섭요구

나. 원청기업은 특정 하청노조의 교섭요구 사실을 7일간 공고의무

① 원청기업이 하청노조의 교섭요구 사실공고를 하지 않거나, 다르게 공고한 경우 시정요청

② 노동위원회가 특정하청노조에 대한 원청기업의 사용자성 여부 심의·결정 20일 내

③ 원청기업은 재심신청·행정소송 제기 가능하나, 노동위 결정의 효력은 중단되지 않음.

다. 다른 하청노조가 원청에 교섭요구 참여 신청

라. 원청기업의 교섭요구 참여 노조 확정공고 5일

① 원청기업이 교섭요구노조 확정공고를 하지 않거나 다르게 공고
한 경우 시정요청

② 노동위원회가 참여노조 적정성 여부를 판단하여 참여노조 결정
20일 내

③ 원청기업은 재심신청·행정소송 제기 가능하나, 결정의 효력은
중단되지 않음

마. 교섭대표노조 결정

① 자율적 단일화 ➜ ② 과반수 노조 ➜ ③ 공동교섭대표단 구성

바. 원청기업이 교섭대표노조에 대해 교섭거부 시, 부당노동행위 구
제절차

① 지방노동위원회 ➜ ② 중앙노동위원회 ➜ ③ 행정소송

**61**

# 복수의 하청노조 간 교섭단위분리 신청주체, 분리결정기관, 분리결정의 기준은

1. 교섭단위 : 원청 사업<sup>장</sup> 단위

2. 교섭단위분리 신청주체 : 원청 사용자 또는 하청 노조위원장

3. 분리결정 기관 : 관할 노동위원회

4. 분리결정의 일반적 기준
   : 현격한 근로조건의 차이, 고용형태, 교섭 관행 등

---

**노동조합 및 노동관계조정법 제29조의3(교섭단위 결정)**

제29조의3 ① 제29조의2에 따라 교섭대표노동조합을 결정하여야 하는 단위(이하 "교섭단위"라 한다)는 하나의 사업 또는 사업장으로 한다.

② 제1항에도 불구하고 하나의 사업 또는 사업장에서 **현격한 근로조건의 차이, 고용형태, 교섭 관행 등**을 고려하여 교섭단위를 분리하거나 분리된 교섭단위를 통합할 필요가 있다고 인정되는 경우에 **노동위원회는** 노동관계 당사자의 양쪽 또는 **어느 한쪽의 신청**을 받아 교섭단위를 분리하거나 분리된 교섭단위를 통합하는 **결정을 할 수 있다.**

# 62

# 관할 노동위원회가 하청노조 간 교섭단위분리(또는 통합) 결정을 함에 있어서 분리결정의 구체적 기준은

| 노동조합법 시행령 제14조의 11 (2026. 2. 개정) | |
|---|---|
| **교섭단위분리 결정기준** | **판단요소** |
| 1.현격한 근로조건 차이 | ① 업무의 성질·내용<br>② 작업방식<br>③ 작업환경<br>⑤ 노동강도<br>⑥ 책임비중<br>⑦ 임금체계·구성항목·지급방법<br>⑧ 근무시간, 휴일·휴가<br>⑨ 복리후생<br>⑩ 보수·복무규정 등 |
| 2. 고용형태 | ① 계약형태·방식,<br>② 직종, 채용방법,<br>③ 정년,<br>④ 인사교류 등 |
| 3. 교섭관행 | ① 노동조합의 가입 대상 및 조합원 자격<br>② 노동조합에 가입된 근로자 범위<br>③ 기존의 단체교섭 등 노사 간 협의 여부 및 방식<br>④ 단체교섭 대상의 적용범위 등 |
| 4. 하청노조 교섭단위 분리 시, 우선적 고려사항(2026.2. 시행령 개정시,추가) | ① 노동조합 간 이해관계의 공통 또는 유사성<br>② 다른 노동조합에 의한 이익 대표의 적절성<br>③ 교섭단위 유지 시 노동조합 간 갈등 유발 및 노사 관계 왜곡 가능성 등 |

# 복수의 하청노조 간 교섭단위분리
## (또는 통합)
# 유형은 어떻게 구분되는지

1. 직무·이해관계·노조특성이 현저히 상이할 경우

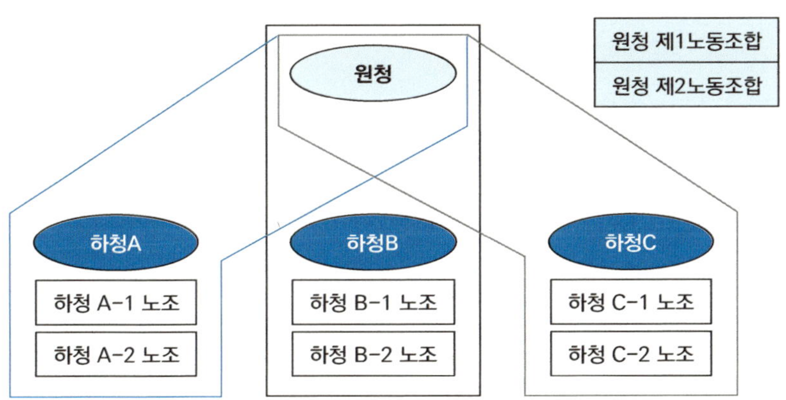


하청회사 별로 직무, 이해관계, 노동조합 특성이 현저히 다른 경우에는 통일적 교섭을 수행할 수 없기 때문에 개별 하청 A, 하청 B, 하청 C 단위로 분리하여 교섭한다.

## 2. 직무·이해관계·노조특성이 유사한 하청이 존재할 경우

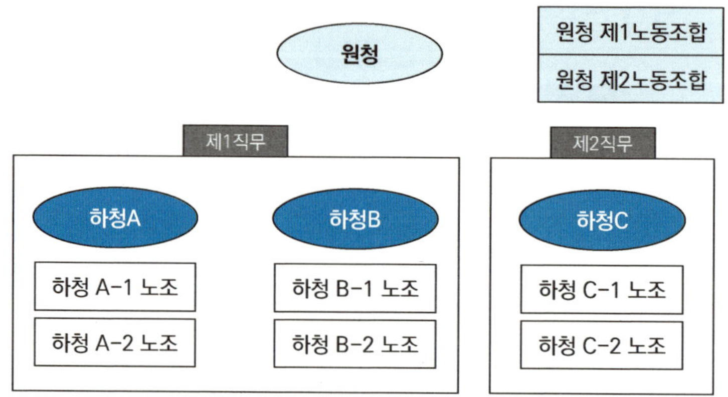


직무 등이 유사한 경우 해당 그룹으로 구분하여 교섭하는 것이 교섭 비용을 절약할 수 있고  하청노조의 실질적인 근로조건 개선을 도모할 수 있다.

3. 전체 하청노조의 특성이 유사하여 근로조건 통일 필요성이 존재
할 경우 전체 하청노조 단위로 분리

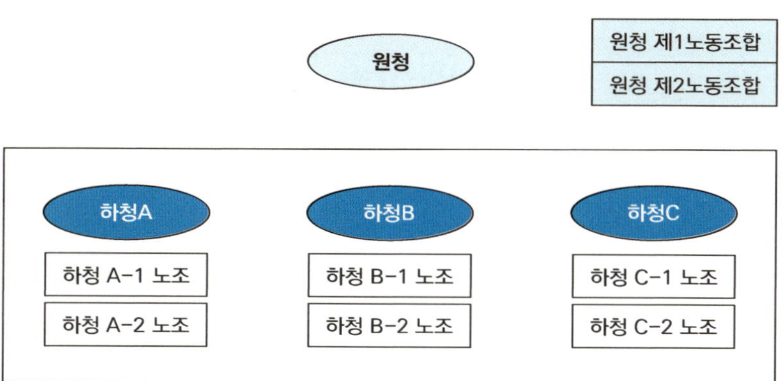


전체 하청의 특성이 유사한 경우 하청노조가 요구하는 근로조건 개
선 사항들의 교집합이 크다. 이는 전체 하청 간 근로조건을 통일할 필
요성이 높다는 것을 의미하며 전체 하청 단위로 분리하여 교섭을 진행
한다.

# 복수 하청노조 간 "직무별" 교섭단위 분리 및 교섭창구 단일화절차를 도표로 예시를 든다면

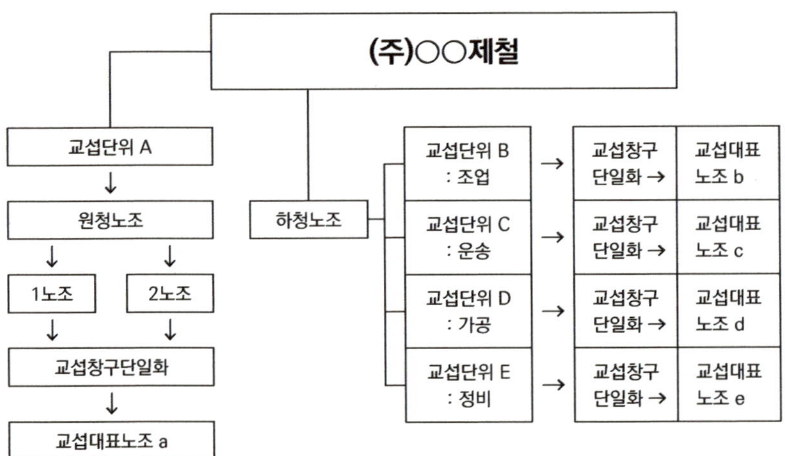

# 복수 하청노조 간 "상급단체별" 교섭단위 분리를 도표로 예시를 든다면

전체 하청노동자 집단에서 노조법 시행령 제14조의11 제3항의 요소 뿐만 아니라, 노동조합 간 이해관계의 공통성 또는 유사성, 다른 노동조합에 의한 이익 대표의 적절성, 교섭단위 유지 시 노동조합 간 갈등 유발 가능성 및 노사관계 왜곡 가능성 등을 고려하여 교섭단위 분리 필요성이 인정되는 경우에는 A상급단체, B상급단체로 분리하도록 결정하는 것도 가능하다.

**〈예시 : 전체 하청노동자 집단에서 A총연맹, B총연맹별 분리〉**

〈전체 하청노동자 집단〉

| A 총연맹 | B 총연맹 | 미가맹 등 |
| --- | --- | --- |

**66**

# 기존 판례에서, 교섭창구단일화 절차에 참여하여야 하는 하청노조 교섭단위의 기준은 무엇이었는지

① 기존 중노위 결정례에서, 교섭창구단일화 절차에 참여하여야 하는 하청노조 교섭단위는 "근로자들의 이해관계의 공통성"임.

**중노위 2022. 12. 6 중앙2022부노156**(○○글로벌로지스 사건)

지입차주들로 조직된 이 사건 노동조합의 단체교섭 상대방이 개별 운송사들뿐만 아니라 원청 사용자까지 확대되더라도 단체교섭의 대상은 지입차주들의 노동조건임에는 변화가 없으므로 **"근로자들의 이해관계의 공통성"을 기반으로** 교섭대표 노동조합을 정해야 하는 교섭단위는 지입차주들의 직접적인 운송위·수탁계약의 상대방으로서의 '개별 운송사들의 사업'으로 그대로 유지된다.

② 그러나, 노동조합법 시행령 제14조의 11 <sub>2026. 2. 개정</sub> 에서는 "노동조합 간 이해관계의 공통 또는 유사성을 우선적으로 고려하여야 한다"고 규정하고 있는 바, 이는 사내협력업체 노조 <sub>지회</sub> 가 복수로 존재할 경우에는, 〈상급단체 노동조합 이해관계의 공통성〉이 고려될 수 있을 것이다.

# 67

## 특청 하청노조가 교섭창구단일화 절차진행 중, 다른 하청노조가 교섭단위 분리신청을 할 경우, 그 절차는

1. 특정 하청노조의 교섭요구사실 공고 前

: 다른 하청노조가 언제든지 교섭단위 분리신청이 가능

2. 특정 하청노조의 교섭요구사실 공고 後

: 다른 하청노조는 특정 하청노조의 교섭대표노조 결정 후에 교섭단위 분리신청이 가능하다.

**노동조합 및 노동관계조정법 시행령 제14조의11(교섭단위 결정)**

제14조의11(교섭단위 결정) ① 노동조합 또는 사용자는 법 제29조의3제2항에 따라 교섭단위를 분리하거나 분리된 교섭단위를 통합하여 교섭하려는 경우에는 다음 각 호에 해당하는 기간에 노동위원회에 교섭단위를 분리하거나 분리된 교섭단위를 통합하는 결정을 신청할 수 있다.

1. 제14조의3에 따라 사용자가 교섭요구 사실을 공고하기 전
2. 제14조의3에 따라 사용자가 교섭요구 사실을 공고한 경우에는 법 제29조의 2에 따른 교섭대표노동조합이 결정된 날 이후

3. 특정 하청노조의 교섭절차 진행 중 다른 하청노조의 교섭단위분리 신청가능 기간

① 특정 하청노조의 교섭요구에 대한 원청사업주의 〈교섭요구 사실 공고 前(전)〉 또는

② 특정 하청노조 포함 교섭단위 내 〈교섭대표노동조합 결정 以後(이후)〉

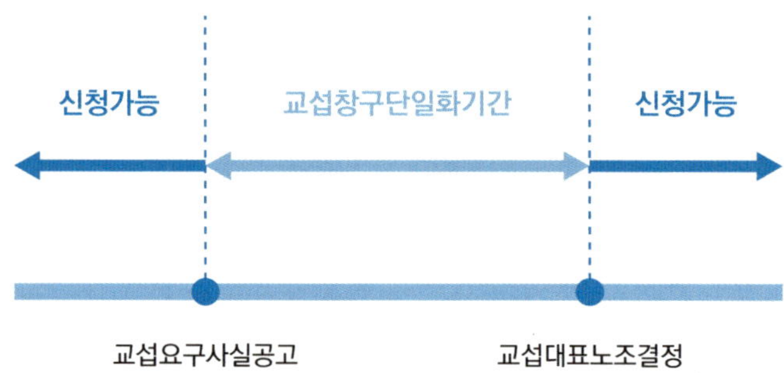

**68**

# 노동위원회는 교섭단위 분리신청 후, 언제까지 교섭단위 분리결정을 하여야 하는지

노동위원회는 교섭단위 분리 신청을 받은 날부터 "30일 이내에" 교섭단위를 분리결정을 하여야 한다

### 노동조합 및 노동관계조정법 시행령 제14조의11(교섭단위 결정)

제14조의11(교섭단위 결정) ① 노동조합 또는 사용자는 법 제29조의3제2항에 따라 교섭단위를 분리하거나 분리된 교섭단위를 통합하여 교섭하려는 경우에는 다음 각 호에 해당하는 기간에 노동위원회에 교섭단위를 분리하거나 분리된 교섭단위를 통합하는 결정을 신청할 수 있다.
② 제1항에 따른 신청을 받은 노동위원회는 해당 사업 또는 사업장의 모든 노동조합과 사용자에게 그 내용을 통지해야 하며, 그 노동조합과 사용자는 노동위원회가 지정하는 기간까지 의견을 제출할 수 있다.
③ 노동위원회는 제1항에 따른 <u>신청을 받은 날부터 **30일 이내에**</u> 교섭단위를 분리하거나 분리된 교섭단위를 통합하는 결정을 하고 해당 사업 또는 사업장의 모든 노동조합과 사용자에게 통지해야 한다.
④ 제3항에 따른 통지를 받은 노동조합이 사용자와 교섭하려는 경우 자신이 속한 교섭단위에 단체협약이 있는 때에는 그 단체협약의 유효기간 만료일 이전 3개월이 되는 날부터 제14조의2제2항에 따라 필요한 사항을 적은 서면으로 교섭을 요구할 수 있다.
⑤ 제1항에 따른 신청에 대한 노동위원회의 결정이 있기 전에 제14조의2에 따른 교섭 요구가 있는 때에는 교섭단위를 분리하거나 분리된 교섭단위를 통합하는 결정이 있을 때까지 제14조의3에 따른 교섭요구 사실의 공고 등 교섭창구단일화절차의 진행은 정지된다.

# 69

# 교섭단위 분리결정을 받은 특정 하청노조가 원청 사용자에게 교섭을 요구할 시, 원청 사용자에게 <교섭의제>를 미리 명시하여야 하는지

1. 아니다. 노동조합법 시행규칙 제10조의 3 제1항에는 "1.교섭을 요구한 노동조합의 명칭과 대표자의 성명, 2. 교섭을 요구한 일자, 교섭을 하려는 다른 노동조합이 교섭을 요구할 수 있는 기한"만을 명시하도록 규정하고 있다.

2. 이는 어떤 의제를 가지고 교섭할지 미리 정해두는 것은 현실적으로 어렵고, 특정 의제를 정해서 요구했을 때 추가적인 교섭의제가 발생하면 다시 교섭해야 할지 다툼이 생길 수 있기 때문에 하청노조가 원청 사용자에게 <교섭의제>를 미리 명시하지 않도록 규정한 것으로 해석된다

3. 또한, 실질적 지배력이 있는 사용자라면, 교섭에 응하는 것이 우선적이고, 이후 다양한 의제를 가지고 교섭을 진행하면서, 원청이 실질적 지배권이 없는 교섭의제에 대해서는 교섭을 거부할 수 있고, 추후 노동위원회 조정으로 해결하는 것이 합리적일 것이다.

제10조의3(교섭요구 사실의 공고 및 시정요청) ① 영 제14조의3제1항에서 "그 교섭을 요구한 노동조합의 명칭 등 고용노동부령으로 정하는 사항"이란 다음 각 호의 사항을 말한다.

1. 영 제14조의2에 따라 교섭을 요구한 노동조합의 명칭과 대표자의 성명
2. 교섭을 요구한 일자
3. 교섭을 하려는 다른 노동조합이 교섭을 요구할 수 있는 기한

② 영 제14조의3제2항에 따라 노동위원회에 시정을 요청하려는 노동조합은 별지 제7호의2 서식의 교섭요구 사실의 공고에 대한 시정신청서에 다음 각 호의 자료를 첨부하여 관할 노동위원회에 제출해야 한다.

1. 영 제14조의2에 따라 사용자에게 교섭을 요구한 서면 사본
2. 사용자가 해당 노동조합이 신청한 내용과 다르게 공고하였다는 사실을 증명할 수 있는 자료

# 70

# 특정 하청노조가,
# 원청에 교섭요구할 경우,
# 원청의 공고의무 등 이행절차는

**노동조합 및 노동관계조정법 시행령 제14조의3, 5(교섭요구사실공고 등)**

📖 노조법 시행령

제14조의3(노동조합 교섭요구 사실의 공고) ① 사용자는 노동조합으로부터 제14조의2에 따라 교섭 요구를 받은 때에는 그 요구를 받은 날부터 7일간 그 교섭을 요구한 노동조합의 명칭 등 고용노동부령으로 정하는 사항을 해당 사업 또는 사업장의 게시판 등에 공고하여 다른 노동조합과 근로자가 알 수 있도록 하여야 한다.

② 노동조합은 사용자가 제1항에 따른 교섭요구 사실의 공고를 하지 아니하거나 다르게 공고하는 경우에는 고용노동부령으로 정하는 바에 따라 노동위원회에 시정을 요청할 수 있다.

③ 노동위원회는 제2항에 따라 시정 요청을 받은 때에는 그 요청을 받은 날부터 10일 이내에 그에 대한 결정을 하여야 한다(10일 연장가능).

📖 노조법 시행령

제14조의5(교섭 요구 노동조합의 확정) ① 사용자는 제14조의3제1항에 따른 공고기간이 끝난 다음 날에 제14조의2 및 제14조의4에 따라 교섭을 요구한 노동조합을 확정하여 통지하고, 그 교섭을 요구한 노동조합의 명칭, 그 교섭을 요구한 날 현재의 종사근로자인 조합원 수 등 고용노동부령으로 정하는 사항을 5일간 공고해야 한다.

② 제14조의2 및 제14조의4에 따라 교섭을 요구한 노동조합은 제1항에 따른 노동조합의 공고 내용이 자신이 제출한 내용과 다르게 공고되거나 공고되지 아니한 것으로 판단되는 경우에는 제1항에 따른 공고기간 중에 사용자에게 이의

를 신청할 수 있다.

③ 사용자는 제2항에 따른 이의 신청의 내용이 타당하다고 인정되는 경우 신청한 내용대로 제1항에 따른 공고기간이 끝난 날부터 5일간 공고하고 그 이의를 제기한 노동조합에 통지하여야 한다.

④ 사용자가 제2항에 따른 이의 신청에 대하여 다음 각 호의 구분에 따른 조치를 한 경우에는 해당 노동조합은 해당 호에서 정한 날부터 5일 이내에 고용노동부령으로 정하는 바에 따라 노동위원회에 시정을 요청할 수 있다.

⑤ 노동위원회는 제4항에 따른 시정 요청을 받은 때에는 그 요청을 받은 날부터 10일 이내에 그에 대한 결정을 하여야 한다(10일 연장가능).

## 1. 교섭단위별 특정 하청노조의 교섭요구

하청 노동조합이 교섭을 요구하는 때에는 반드시 다음의 사항을 기재한 서면으로 하여야 하며, 이 경우 조합원 수는 해당 사업 또는 사업장 교섭단위가 분리된 경우에는 해당 교섭단위 에 소속된 조합원 수만을 의미한다.

〈교섭요구 서면(예시)〉

---

○○사 노동조합

문서번호 : 노조 제 ○○호
시행일자 : 2026.3.10
수　　신 : ○○사 대표이사 △△△
제　　목 : 교섭 요구

당 노동조합은 노동위원회의 교섭단위 분리결정에 따라 「노조법시행령」 제14조의2에 의거 단체협약 체결을 위한 교섭을 요구합니다.

- 노동조합의 명칭 : ○○사 노동조합
- 대표자의 성명 : 위원장 ○ ○ ○
- 주된 사무소의 소재지 : ○○도 ○○시 ○○로 ○○번지 ○○사 노조사무실
- 2026.3.10. 현재의 조합원 수 : 170명. 끝.

○○사 노동조합 위원장 △ △ △

---

2. 원청의 교섭요구 사실의 공고

① 공고의무

교섭 요구를 받은 사용자는 교섭 요구를 받은 날로부터 7일간 교섭 요구 사실을 해당 사업장의 게시판 등에 공고하여야 하며, 사용자가 해당 분야 하청사업장에 노동조합이 1개만 있는 것으로 알고 있더라도 산업별·지역별 노동조합에 가입된 근로자가 있을 수 있으므로 반드시 교섭요구 사실을 공고하여 교섭창구단일화 절차를 거쳐 교섭대표 노동조합을 결정하도록 해야 한다.

② 공고장소

해당 사업 또는 사업장 전체를 대상으로 공고해야 하며, 사업장의 게시판은 예시한 것이므로 노동조합과 조합원들이 쉽게 그 사실을 알 수 있는 장소와 방법이라면 내부 전산망에 공지하는 것도 가능하다. 교섭단위가 분리된 경우에는 해당 교섭단위를 대상으로 공고하면 된다.

③ 공고기간

최초로 노동조합으로부터 교섭을 요구받은 날부터 7일간이며, 초일은 산입하지 않는다.

○○교섭단위 교섭요구 사실의 공고문

2026.3.10. ○○사 노동조합으로부터 교섭 요구가 있어 그 사실을 아래와 같이 공고하니 우리 회사와 교섭하려는 노동조합은 공고기간(2026.3.11.~3.18.) 내에 우리회사(참조 : 노사협력팀)에 아래 사항을 기재하여 교섭을 요구하시기 바랍니다.

- 교섭을 요구한 노동조합의 명칭 : ○○사 노동조합
- 그 대표자 : 노조위원장 ○ ○ ○
- 교섭요구일자 : 2026.3.10
- 다른 노동조합이 교섭을 요구할 수 있는 기간 : 2026.3.11.–3.18
- 교섭 요구시 서면에 기재해야 하는 사항

2026. 3. 11

**○○사 대표이사 ○ ○ ○**

## 3. 원청의 교섭요구 노동조합의 확정 공고 및 통지

① 사용자가 교섭요구 사실에 대한 공고기간 7일 이 끝난 후에 공고기간동안 참가신청을 한 교섭요구 노동조합 등을 확정하여 해당 노동조합에 통지하고, 교섭요구 사실에 대한 공고기간이 끝난 다음날부터 5일간 공고하여야 한다 시행령 제14조의5제1항 .

② 공고내용 시행규칙 제10조의4 제1항

(가)교섭요구 노동조합의 명칭과 대표자 성명

(나)각각 교섭을 요구한 일자

(다) 교섭을 요구한 날 현재의 조합원의 수

(라) 공고 내용이 노동조합이 제출한 내용과 다르게 공고되거나 공
고되지 아니한 경우에는 공고기간 중에 사용자에게 이의를 신
청할 수 있다는 사실 등을 기재하여야 한다.

<사용자의 교섭요구 노동조합의 확정 공고문<sup>(예시)</sup>>

### ○○교섭단위 교섭요구 노동조합의 확정 공고문

「노조법시행령」 제14조의5제1항의 규정에 따라 2026.3.11.~3.18. 교섭요구 사실에 대한 공고기간 중 우리 회사에 교섭을 요구한 노동조합에 대하여 아래와 같이 공고합니다.

- 공고기간 : 2026.3.11.~3.18.
- 교섭 요구 노동조합

| 교섭 요구 노동조합의 명칭 | ○○사 노동조합 | ○○노조 ○○사 지회 | ○○지역노조 ○○사 지부 |
| --- | --- | --- | --- |
| 교섭요구 노동조합 대표자 | △△△ | ○○○ | □□□ |
| 교섭을 요구한 일자 | 2026.3.10 | 2026.3.15 | 2026.3.17 |
| 조합원수(교섭요구일 현재) | 170명 | 80명 | 50명 |

- 공고내용이 노동조합이 제출한 내용과 다르게 공고되거나 공고되지 않은 경우에는 공고기간 중에 회사(참조 : 노사협력팀)로 이의를 신청하여 주시기 바랍니다.

2026. 3. 19.

**○○사 대표이사 ○ ○ ○**

## 4. 교섭단위별 교섭요구 노동조합 확정에 따른 효과

① 교섭요구 노동조합으로 확정된 노동조합만이 교섭대표노동조합 결정절차에 참여할 수 있다 법 제29조의2, 시행령 제14조의6 등.

② 교섭대표노동조합이 사용자와 교섭하여 체결한 단체협약은 교섭창구단일화 절차에 참여한 노동조합, 즉 확정된 교섭요구 노동조합 전체에 대하여 적용된다 법 제29조 제2항.

③ 쟁의행위를 하기 위해서는 확정된 교섭요구 노동조합 전체 조합원 과반수의 찬성이 있어야 한다 법 제41조 제1항.

④ 교섭요구 노동조합으로 확정된 노동조합만이 교섭대표노동조합의 공정대표의무 위반 시정신청을 할 수 있다 법 제29조의4.

⑤ 교섭단위별 교섭창구단일화 절차에 참여하지 않은 노동조합의 법적 지위

(가) 확정된 교섭요구 노동조합이 아닌 노동조합이 사용자와 교섭하여 단체협약을 체결하는 것은 허용되지 않는다.

(나) 노동위원회에 조정신청을 할 수 없으며, 쟁의행위를 할 경우에는 그 정당성이 인정될 수 없다.

## 공정대표의무

「교섭대표노동조합」과 「사용자」는 교섭창구 단일화 절차에 「참여한」 노동조합 또는 그 조합원 간에 합리적 이유 없이 차별을 하여서는 안 된다(노조법 제29조의4 제1항). 노조법에서는 사용자와 교섭대표노동조합 모두 공정대표의무를 부담하도록 하여 단체협약 체결 전 과정에서 합리적인 이유 없이 교섭대표노조를 우대하거나 소수 노동조합을 차별하지 못하도록 의무를 부과하였다. 따라서 교섭에 참여하지 않은 노동조합과 비조합원은 차별을 받더라도 공정대표의무의 대상이 되지 않는다.

노동조합은 교섭대표노동조합과 사용자가 공정대표의무를 위반하여 차별한 경우에는 그 행위가 있은 날(단체협약의 내용의 일부 또는 전부가 공정대표의무에 위반되는 경우에는 단체협약 체결일을 말한다)부터 3개월 이내에 노동위원회에 그 시정을 요청할 수 있다(노조법 제29조의4 제2항). 이에 노동위원회는 신청에 대하여 합리적인 이유 없이 차별하였다고 인정한 때에는 그 시정에 필요한 명령을 해야 한다(노조법 제29조의4 제3항). 차별의 존재 사실에 대해서는 이를 주장하는 신청인(소수노조)이, 합리적인 이유의 존재 사실에 대해서는 이를 주장하는 피신청인(교섭대표노조, 사용자)이 입증책임을 부담한다.

**[71]**

# 원청이 하청노조의 교섭요구사실 공고의무 또는 교섭요구(참여) 노조 확정 공고의무를 이행하지 않을 경우, 하청노조는 어떤 조치를 취할 수 있는지

1. 원청은 특정 하청노조의 교섭요구사실을 7일간 공고의무가 있으며, 원청기업이 하청노조의 교섭요구 사실공고를 하지 않거나 다르게 공고한 경우 관할 노동위원회에 시정요청을 할 수 있고, 관할 노동위원회는 특정하청노조에 대한 원청기업의 사용자성 여부 심의·결정 20일 내 하며, 노동위원회 결정에 대해 원청기업은 재심신청·행정소송 제기가 가능하나, 노동위결정의 효력은 중단되지 않는다.

2. 원청은 하청노조의 교섭요구 참여 노조 확정공고 5일 를 하여야 하며, 원청기업이 교섭요구노조 확정공고를 하지 않거나 다르게 공고한 경우 관할 노동위원회에 시정요청할 수 있고, 노동위원회가 참여노조 적정성 여부를 판단하여 참여노조 결정 20일 내 하며, 관할 노동위원회의 결정에 대하여 원청기업은 재심신청·행정소송 제기가 가능하나, 결정의 효력은 중단되지 않는다.

## 교섭절차 관련, 사용자의 공고에 대하여 노동조합이 노동위원회에 시정을 요청하여 노동위원회가 결정을 한 경우에는, 그 결정의 효력은 당사자에게 송달된 날부터 발생된다 (대법 2016.1.14. 2013다84643, 2013다84650).

1. 노동조합 및 노동관계조정법(이하 '노동조합법'이라 한다) 제29조의2 제1항은 하나의 사업 또는 사업장에서 근로자가 설립하거나 가입한 노동조합이 2개 이상인 경우 노동조합은 교섭대표노동조합을 정하여 교섭을 요구하여야 하고, 다만 교섭대표노동조합을 자율적으로 결정하는 기한(이하 '교섭대표 자율결정기간'이라 한다) 내에 사용자가 교섭창구 단일화 절차를 거치지 아니하기로 동의한 경우에는 개별교섭을 할 수 있다고 규정하고 있고, 노동조합법 시행령(이하 '시행령'이라 한다) 제14조의6 제1항은 교섭대표 자율결정기간, 즉 사용자가 개별교섭에 동의할 수 있는 기간을 '시행령 제14조의5에 따라 확정 또는 결정된 날부터 14일'로 규정하고 있다.

   또한 시행령 제14조의5는 사용자의 교섭요구 노동조합 공고에 대하여 이의가 있는 노동조합은 사용자에게 이의를 신청할 수 있고, 사용자가 이의 신청에 따른 공고를 하지 않거나 신청한 내용과 다르게 공고한 경우에는 노동위원회에 시정을 요청할 수 있으며, 시정 요청을 받은 노동위원회는 요청을 받은 날부터 10일(※10일 연장 가능) 이내에 그에 대한 결정을 하여야 한다고 규정하고 있다.

2. 이러한 노동조합법 및 시행령 규정의 내용과 함께 노동위원회법 제17조의2는 노동위원회는 처분 결과를 당사자에게 서면으로 송달하여야 하고, 처분의 효력은 결정서 등을 송달받은 날부터 발생한다고 규정하고 있는 점, 교섭대표 자율결정기간은 그 기간이 경과

하면 더는 자율적으로 교섭대표노동조합을 결정하거나 사용자가 개별교섭 동의를 할 수 없는 효력이 발생하므로 그 기간의 기산일은 당사자 간에 다툼의 여지가 없을 정도로 명확하여야 하는 점 등에 비추어 보면, 시행령 제14조의5에 따른 사용자의 공고에 대하여 노동조합이 노동위원회에 시정을 요청하여 노동위원회가 결정을 한 경우에는 그 결정이 당사자에게 송달되어 효력이 발생한 날부터 교섭대표 자율결정기간이 진행한다고 보는 것이 타당하다.

# 72

# 원청과의 교섭 결렬 시 하청노조는 원청 사업장에서 쟁의행위를 할 수 있는지

하청노조의 원청 사업장에서의 직장점거 쟁의행위가 정당성이 있는지 여부에 대하여, 판례 대법 2020.9.3. 2015도1927 는, "한국수자원공사 하청지회 조합원들이 한국수자원공사 사업장에서 이 사건 각 집회를 개최하였다고 하더라도 이러한 행위는 사회상규에 위배되지 아니하는 정당행위로서 위법성이 조각되고, 피고인들이 대체근로자들의 작업을 방해한 것은 위법한 대체근로자 투입에 대항하기 위해 상당한 범위 내에서 실력 행사가 이루어진 정당행위에 해당하여 위법성이 조각된다"고 판시한 바 있다.

## 대법 2020.9.3. 2015도1927 한국수자원공사 사건

[사실관계]
피고인들은 한국수자원공사 시설관리 및 청소 용역업체('이 사건 수급업체들') 직원들로 구성된 수자원공사지회 지회장 또는 조합원들임. 수자원공사지회는 이 사건 수급업체들과 단체협상이 결렬되고 조정이 불성립하자 2012.6.25.경부터 임금인상 등을 요구하며 파업에 돌입하였음. 피고인들은 수자원공사지회 조합원들과 함께 3일간, 한 번에 각각 1시간, 1시간 20분, 2시간 40분간에 걸쳐 한국수자원공사 사업장 내 건물들 사이 인도에 모여 구호를 외치고 노동가를 제창하는 등의 방법

으로 집회·시위를 하였고, 한국수자원공사 직원으로부터 퇴거를 요구받았으나 불응하였음. 파업으로 중단된 화장실 청소 등의 업무를 위해 이 사건 수급업체(청소용역업체) 대표이사가 대체 인력을 투입하자, 피고인들은 두 차례에 걸쳐 대체 투입 근로자들 앞을 막고 밖으로 나가라며 고함을 지르고, 수거된 쓰레기를 건물 복도에 버리는 등 대체 투입 근로자의 업무를 방해함. 이에 피고인들이 업무방해, 퇴거불응의 공소사실로 기소

[판결]
피고인들이 수자원공사지회 조합원들과 함께 한국수자원공사 사업장에서 이 사건 각 집회를 개최하였다고 하더라도 이러한 행위는 사회상규에 위배되지 아니하는 정당행위로서 위법성이 조각되고, 피고인들이 대체근로자들의 작업을 방해한 것은 위법한 대체근로자 투입에 대항하기 위해 상당한 범위 내에서 실력 행사가 이루어진 정당행위에 해당하여 위법성이 조각된다(대법 2020.9.3, 2015도1927).



## 노동조합 쟁의행위의 의의와 유형

「쟁의행위」라 함은 파업·태업·직장폐쇄 기타 노동관계 당사자가 그 주장을 관철할 목적으로 행하는 행위와 이에 대항하는 행위(직장폐쇄)로서 업무의 정상적인 운영을 저해하는 행위를 의미한다(노조법 제2조 제6호). 쟁의행위는 그 목적·방법 및 절차에 있어서 법령 기타 사회질서에 위반되서는 안 되며 조합원은 노동조합에 의하여 주도되지 않은 쟁의행위를 해서도 안 된다(노조법 제37조). 쟁의행위가 정당한 경우에는 노조법상 형사면책, 민사면책 그리고 불이익취급 금지의 보호를 받게 된다. 쟁의행위는 헌법에서 보장하는 단체행동권(헌법 제33조 제1항) 중 하나로서 ① 노동쟁의(노조법 제2조 제5호), ② 단체교섭과 밀접한 관련이 있다.

사용자의 쟁의행위인 직장폐쇄를 제외한 유형별 의의는 다음과 같다.

## 1. 파업

「파업」(罷業, Strike)은 근로자가 단결하여 근로조건의 유지·개선이라는 목적을 달성하기 위하여 집단적으로 노무제공을 거부할 것을 내용으로 하는 쟁의행위(노조법 제2조 제6호)를 의미한다. 이는 쟁의행위 유형 중 가장 오랜 역사를 가진 전형적인 쟁의행위이다.

## 2. 태업

「태업」이라 함은 근로자가 근로제공은 하되 불완전하게 하여 작업 능률을 저하시키는 쟁의행위의 한 유형이며, 근로제공의 정지라는 점에서 파업과 성질이 비슷하다. 태업의 정당성과 관련하여 작업속도를 늦추는 ① 감속태업과 특정의 직무만을 중단하고 나머지 직무는 정상적으로 하는 ② 직무태업도 (파업처럼 소극적인 방법이므로) 원칙적으로 정당성을 가진다. 다만 원료나 기계 또는 제품 등 사용자가 소유·관리하는 재산을 손괴·처분 또는 은닉하거나 의도적으로 작업을 거칠게 하여 불량품을 생산하는 ③ 적극적 태업은 일반적으로 정당성을 인정받지 못한다.

## 3. 준법투쟁

「준법투쟁」이라 함은 일반적으로 준수하게 되어 있는 법 규정들을 필요 이상으로 엄격하게 준수하거나 보장된 권리를 일제히 행사하여 의식적으로 작업능률 또는 생산능률을 저하시키는 행위를 의미한다. 예를 들어 연장·휴일근로의 거부, 연차휴가의 집단적 사용, 안전·보안법규의 철저한 준수, 정시 출퇴근 등의 형태가 있다.

## 4. 피케팅

「피케팅」(Picketing)이라 함은 근로를 희망하는 근로자들의 사업장 출입을 저지하고 파업참여에 협력할 것을 구하는 것으로, 피케팅 자체로서는 독립된 쟁의행위라고 할 수 없으며 파업에 수반되는 보조적 행위에 해당한다.

**73**

# 하청노조 파업 시
# 원청의 대체 투입이 가능한지

1. 관련 법 규정 : 노조법 제43조【사용자의 채용제한】제2항

| 노조법 제43조【사용자의 채용제한】 제2항 |
| --- |
| 노조법 제43조【사용자의 채용제한】 ① **'사용자'는** 쟁의행위기간 중 그 쟁의행위로 중단된 업무의 수행을 위하여 당해 사업과 관계없는 자를 **채용 또는 대체할 수 없다** |

2. 하청업체 파업 시, 원청의 대체투입 가능여부

| | |
| --- | --- |
| **원청이 하청에 대해 실질적 지배력을 가진다면, 원청이 <u>사용자에 해당되므로</u>** | 하청업체 파업 시 원청의 대체투입 불가 |
| **원청이 하청에 대해 실질적 지배력을 가지지 않는다면, 원청은 <u>사용자에 해당되지 않으므로</u>** | 하청업체 파업 시 원청의 대체투입 가능 |

# 하청 파업 시 원청 택배기사 투입은
# 대체근로금지 위반이다(부산지법 2020.9.9, 2019고정1106)

## 1. 사실관계

① 원청 택배회사 A사(피해자 회사)는 순차적 위수탁계약, 즉, 하청 B사와 집배점주간 택배화물운송 위수탁계약, 집배점주와 택배기사 간 위수탁계약을 통해 배송업무를 수행하였다.

② 집배점주 택배기사가 조합원으로 가입한 전국택배연대노동조합이 파업에 돌입, 경주지역 집배점주의 배송업무가 중단되자, 원청 택배회사 A사는 그 수행을 위해 타 지역 직영기사와 대체배송차량을 보냈던 바, 경주지역 집배점주 택배기사이자 위 조합 경주지부 조합원인 X 등(피고인들)은, 위 조치에 반발, 원청 A사의 대체배송차량 앞에 서 있는 등의 방법으로 출차를 막았다.

③ X 등은 원청 A사 배송업무를 방해했다는 범죄사실로 기소되자(형법 제314조 제1항, 위력에 의한 업무방해죄), 자신들의 행위는 원청 A사가 노조법 제43조 제1항 대체근로 금지 위반 행위를 하였으므로 이에 대항한 정당방위 내지 정당행위라고 주장했다.

## 2. 판결

① 직접 계약관계가 없더라도 원청 A사는 창원성산지역 집배점주 택배기사의 기본적 노동조건 등을 실질적이고 구체적으로 지배·결정할 수 있었으므로, 원청 A사가 노동조합법 제43조 제1항상 사용자 지위에 있다.

② 이에 따라, 창원성산지역 집배점주 택배기사들의 출차방해 행위는 원청 A사의 대체근로금지 위반에 대항하는 정당행위로 업무방해죄가 인정되지 않는다.

PART 6

# 「노동쟁의」 개념 확대
## (노조법 제2조 제5호 개정)

<h2 align="center">〈노란봉투법(노조법 제2조 제5호 개정) 내용〉</h2>

| 현행 | '노란봉투법' |
|---|---|
| 노조법 제2조(정의) 이 법에서 사용하는 용어의 정의는 다음과 같다.<br>1.–4. 생략<br>5. "노동쟁의"라 함은 노동조합과 사용자 또는 사용자단체(이하 "勞動關係 當事者"라 한다)간에 임금·근로시간·복지·해고 기타 대우등 근로조건의 결정에 관한 주장의 불일치로 인하여 발생한 분쟁상태를 말한다. | 5. "노동쟁의"라 함은 노동조합과 사용자 또는 사용자단체(이하 "勞動關係 當事者"라 한다)간에 임금·근로시간·복지·해고 기타 대우등 근로조건의 결정과 **근로조건에 영향을 미치는 사업경영상의 결정에 관한 주장의 불일치** 및 **제92조 제2호 가목부터 라목까지의 사항에 관한 사용자의 명백한 단체협약 위반**으로 인하여 발생한 분쟁상태를 말한다. |

<h2 align="center">〈노조법 제92조 제2호〉</h2>

| 노조법 제92조 제2호 |
|---|

노조법 제92조【벌칙】 다음 각 호의 1에 해당하는 자는 1천만원 이하의 벌금에 처한다.

1. 생략
2. 제31조 제1항의 규정에 의하여 **체결된 단체협약**의 내용 중 다음 각목의 1에 해당하는 사항을 위반한 자
   **가. 임금·복리후생비, 퇴직금에 관한 사항**
   **나. 근로 및 휴게시간, 휴일, 휴가에 관한 사항**
   **다. 징계 및 해고의 사유와 중요한 절차에 관한 사항**
   **라. 안전보건 및 재해부조에 관한 사항**
   마. 시설·편의제공 및 근무시간 중 회의참석에 관한 사항
   바. 쟁의행위에 관한 사항

# '노동쟁의 대상'은 '단체교섭 대상' 및 '쟁의행위의 목적의 정당성'과 연속선 상에 놓여 있는지

1. 대법원 판례대법 1994.9.30, 94다4042 에서, 단결권·단체교섭권·단체행동권을 연속선상에 있는 것으로 보고, '노동쟁의 대상'과 '단체교섭 의무적 교섭사항' 및 '쟁의행위의 목적의 정당성 범위'간에 상호관련성을 인정하는 입장을 취하고 있다.

2. 이를 쉽게 표시하면 아래와 같다

단체교섭대상(의무적교섭사항) ➡ 교섭거부시 부당노동행위 성립(의무적교섭사항) ➡ 노동쟁의 조정대상(근로조건결정 및 근로조건에 영향을 미치는 경영상 결정에 관한 주장의 불일치) ➡ 쟁의행위 목적의 정당성(근로조건 향상) ➡ 단체협약(규범적 부분) ➡ 강행적 효력 ➡ 단체협약위반시 형사처벌 ➡ 무협약 상태시 단체협약규정 효력지속

※ 단, 노동쟁의 대상·단체교섭 의무적교섭사항·쟁의행위 목적의 정당성 간에 상호관련성이 없다는 일부 학설(주장)도 있다.

## 단체협약의 규범적 효력과 채무적 효력

① 단체협약의 규범적 효력이라 함은 단체협약의 내용 중에서 「근로조건」 기타 「근로자의 대우에 관한 기준」 에 대한 효력을 의미한다(노조법 제33조 제1항). 이는 개별조합원의 근로관계에 직접적인 효력을 미치는 것으로 근로조건 개선과 근로자의 지위향상을 위한 단체협약의 핵심적 부분이다. 단체협약에 정한 근로조건 기타 근로자의 대우에 관한 기준에 「위반」하는 취업규칙 또는 근로계약의 부분은 무효로 되고, 근로계약에 규정되지 않은 사항 또는 무효로 된 부분은 단체협약에 정한 기준에 따르게 된다(노조법 제33조). 이와 같이 근로조건 기타 근로자의 대우에 관한 기준에 위반하는 취업규칙 또는 근로계약의 부분은 무효로 하는 효력을 단체협약의 「강행적 효력」이라고 한다. 또한 근로계약에 규정되지 않은 사항 또는 무효로 된 부분은 단체협약에 정한 기준에 따르게 하는 것은 단체협약의 「보충적 효력」이라고 한다.

② 반면 단체협약의 채무적 효력이라 함은 노동조합과 사용자 사이에 민법상의 채권·채무 관계에 따른 권리와 의무가 발생하는 효력을 의미한다. 단체협약의 내용 중 집단적 노사관계와 관련하여 단체협약 당사자 간의 권리·의무를 규정한 부분으로서 조합원과 사용자간의 개별적 근로관계에 대해서는 직접 효력을 미치지 않는다. 채무적 부분은 협약당사자가 상대방에 대하여 어떤 의무를 부담하도록 하는 효력을 갖게 하는 것이며 규범적 부분을 제외한 모든 부분이 채무적 부분이다. 또한 채무적 부분을 위반하는 경우에는 노동조합 및 사용자 사이에 채무불이행 문제가 발생한다. 예를 들면 평화의무 및 평화조항, 숍(shop) 조항, 단체교섭 조항, 조합원의 범위조항, 조합 활동에 관한 조항, 쟁의조항 등이 이에 해당한다.

# 75

# 「노동쟁의」 중 이익분쟁과 권리분쟁은 어떻게 구분되는지

| 이익분쟁 | 권리분쟁 |
|---|---|
| ① '이익분쟁'이란 **노사간에 권리의무 관계가 형성되기 이전** 즉, 구체적인 근로계약이나 단체협약을 어떠한 내용으로 체결할 것인지에 대해 노사간에 발생하는 분쟁을 말한다.<br><br>② 이번 '노란봉투법'에서는 임금·근로시간 등 근로조건의 결정분 아니라, **근로조건에 영향을 미치는 사업경영상의 결정에 관한 주장의 불일치도** '노동쟁의' 상태에 포함되어 집단분쟁으로 나아갈 수 있게 됨으로써, 근로조건에 영향을 미치는 해외공장 이전 등을 두고 단체교섭 및 쟁의행위가 가능하게 되었다. | ① '권리분쟁'이란 근로자의 권리·의무 관계를 **이미 형성하고 있는** 근로계약·단체협약 및 법률의 해석·적용에 관한 당사자간의 분쟁을 말한다(예 : 체불임금의 지급, 부당노동행위의 시정, 해고자 복직, 단체협약의 해석·이행 등). 따라서 현행 노조법 제2조 제4호에서 노동쟁의의 대상을 '근로조건의 결정'으로 한정하고 있었으므로, 권리분쟁사항은 의무적 교섭대상에서 제외되어 왔으나,<br><br>② 이번 '노란봉투법'에서는 사용자가 **'체결된 단체협약'**의 내용 중 임금·근로시간 등 근로조건 미이행시 '노동쟁의'상태에 포함되어 단체교섭 및 쟁의행위가 가능하게 되었다. |

## 공정방송을 의한 단체협약 이행의 실효성확보 방안강구 목적의 쟁의행위는 근로조건의 결정에 관한 사항을 목적으로 한 쟁의행위로서 목적의 정당성이 있다는 판례(대법 2022.12.16., 2015도8190)

### 1. 사실관계

○○방송 노조위원장 등 근로자들은 단체협약 상의 공정방송 실현을 요구하며 2012.1.부터 7.경까지 파업한 바, 이에 사용자는 기존 단체협약의 준수·해석·적용에 관한 이른바 '권리분쟁'은 사법적 보호 또는 기타 법적 해결 방법의 길이 열려 있으므로, 노동쟁의 및 쟁의행위의 목적의 정당성이 없어 불법파업이라고 주장하였다.

### 2. 쟁점

공정방송 실현의무, 방송의 독립성 유지 의무 등이 단체협약에 포함되어 있는 경우 이를 준수하도록 요구하는 것이 쟁의행위의 대상이 될수 있는지 여부

### 3. 판결

① 이 사건 파업의 주된 목적은 ○○방송 사장의 퇴진이 아닌 방송의 공정성 확보에 있다. ○○방송 사장은 관계 법령 및 단체협약에 의하여 인정된 공정방송의 의무를 위반하고 그 구성원들의 방송의 자유를 침해하였을 뿐만 아니라 그 구성원인 근로자의 구체적인 근로환경 또는 근로조건을 악화시켰다 할 것이므로, 피고인 ○○방송 노조위원장 등 근로자들은 그 시정을 구할 수 있다.

② 피고인 ○○방송 노조위원장 등 근로자들의 요구사항은 단순히 기존의 단체협약의 해석·적용에 관한 사항, 즉 방송의 공정성 그 자체를 주장하는 것이 아니라, 공정방송을 위한 단체협약의 이행을 실효적으로 확보할 수 있는 방안을 강구하기 위한 것이므로, 이를 목적으로 한 쟁의행위는 근로조건의 결정에 관한 사항을 목적으로 한 쟁의행위에 해당한다. 이 사건 파업은 목적의 정당성이 인정된다.

# 76

# 이번 '노란봉투법'(개정 노조법 제2조 제5호)으로 노동쟁의 대상이 확대된 목적은

1. 확대된 노동쟁의 대상

| 구분 | 이익분쟁 | 권리분쟁 |
|---|---|---|
| 2026. 3. 9. 이전 | ① 임금·근로시간·복지·해고 기타 대우등 '근로조건의 결정에 관한 주장의 불일치'로 인하여 발생한 분쟁상태 | |
| 2026.3.10. 이후(추가) | ② 근로조건에 영향을 미치는 사업경영상의 결정에 관한 주장의 불일치로 인하여 발생한 분쟁상태 | 노조법 제92조 제2호 가목부터 라목까지의 사항 (이미 결정된 임금, 근로시간 등)에 관한 사용자의 명백한 단체협약 위반으로 인하여 발생한 분쟁상태 |

2. 개정 노동조합법 제2조 제5호 노동쟁의 대상에 ⅰ) 근로조건에 영향을 미치는 사업경영상의 결정, ⅱ) 근로자 지위의 결정에 관한 주장의 불일치 및 사용자의 명백한 단체협약 위반을 새롭게 포함했다.

3. 이는 노동쟁의 대상을 확대하여 그간 근로자 지위 및 근로조건에 중대한 영향을 미치는 사업경영상의 결정이 노동쟁의 대상이 되지 않아 단체교섭이 제한되고 목적상 불법인 쟁의행위가 되어 과도한 손해배상청구의 원인이 되었던 문제를 해결하고, 노사 간 실질적 교섭을 촉

진하여 노사 자율에 의한 분쟁 해결을 도모하는데 목적이 있다.



## 개정 이전 구조조정에 대한 종전 견해

경영상 해고나 사업조직의 통폐합 등 「기업의 구조조정 실시 여부」는 경영주체에 의한 고도의 경영상 결단에 속하는 사항으로서 이는 원칙적으로 <u>단체교섭의 대상이 될 수 없으나</u>, 사용자의 경영권에 속하는 사항이라 하더라도 그에 관하여 노사는 「임의로」 단체교섭을 진행하여 단체협약을 체결할 수 있고, 그 내용이 강행법규나 사회질서에 위배되지 않는 이상 단체협약으로서의 효력이 인정된다.

따라서 사용자가 노동조합과의 협상에 따라 경영상 해고를 제한하기로 하는 내용의 단체협약을 체결하였다면 특별한 사정이 없는 한 그 단체협약이 강행법규나 사회질서에 위배된다고 볼 수 없고, 나아가 이는 근로조건 기타 근로자의 대우에 관하여 정한 것으로서 그에 반하여 이루어지는 경영상 해고는 원칙적으로 정당한 해고라고 볼 수 없다. 다만 이처럼 경영상 해고의 실시를 제한하는 단체협약을 두고 있더라도, 그 단체협약을 체결할 당시의 사정이 「현저하게 변경」되어 사용자에게 그와 같은 단체협약의 이행을 강요한다면 객관적으로 명백하게 부당한 결과에 이르는 경우에는 사용자가 단체협약에 의한 제한에서 벗어나 경영상 해고를 할 수 있을 것이다(대법 2011두20406, 2014.3.27.).

또한 회사의 매각 그 자체는 사용자의 경영권의 본질적인 사항에 해당한다 할 것이므로 <u>단체교섭사항이 될 수 없는 것이 원칙이나</u>, 회사의 매각과 관련한 고용문제 등 근로조건과 직접적으로 관련되는 사항은 (근로조건을 정리하는 후속조치로서) 그 한도 내에서 교섭대상이 될 수 있다(노조 68107-900, 2002.12.2.).

# 77

# 노란봉투법 시행으로 인하여 노동쟁의 대상이 확대됨에 따라, 향후 변경 가능성이 높은 기존 판례는 어떤 것들이 있는지

| 번호 | 향후 변경될 가능성이 높은 기존 판례 | | 변경 사유 |
|---|---|---|---|
| | 판례번호 | 내용 | |
| 1 | • 대법 2013.6.13. 2011다60193<br><br>• 대법 2014.11.13. 2012다14517 | "기업 운영에 필요한 인력의 규모가 어느 정도인지, 잉여인력은 몇 명인지 등은 상당한 합리성이 인정되는 한 <u>경영판단의 문제에 속하는 것이므로</u> 특별한 사정이 없다면 경영자의 판단을 존중하여야 할 것이다" | 근로조건에 영향을 미치는 경영상 결정은 노동쟁의 대상이 되었으므로 경영자의 판단이 우선된다고 보기 어려움 |
| 2 | • 대법2002.2.26. 99도5380 | "사용자가 경영권의 본질에 속하여 <u>단체교섭의 대상이 될 수 없는 사항</u>에 관하여 노동조합과'합의'하여 결정 혹은 시행하기로 하는 단체협약의 일부 조항이 있는 경우, 그 조항 하나만을 주목하여 쉽게 사용자의 경영권의 일부 포기나 중대한 제한을 인정하여서는 아니되고, 그와 같은 단체협약을 체결하게 된 경위나 당시의 상황, 단체협약의 다른 조항과의 관계, 권한에는 책임이 따른다는 원칙에 입각하여 노동조합이 경영에 대한 책임까지도 분담하고 있는지 여부 등을 종합적으로 검토하여 그 조항에 기재된'합의'의 의미를 해석하여야 할 것인 바, '협의'의 취지로 해석함이 상당하다". | 근로조건에 영향을 미치는 경영상 결정은 노동쟁의 대상이 되었으므로 단체교섭의 대상이 될수 있고, 단체협약 상 '정리해고 시 합의'라고 규정하였다면, '합의'로 해석하여야 함.<br>다만, 〈동의권 남용 이론〉, 〈사정변경 론〉에 따라 노조합의 없더라도 정리해고 가능 |

| 번호 | 향후 변경될 가능성이 높은 기존 판례 | | 변경 사유 |
| --- | --- | --- | --- |
| | 판례번호 | 내용 | |
| 3 | • 대법 2002.2.26. 99도5380<br>• 대법 2003.2.11. 2000도4169<br>• 대법 2003.2.28. 2002도5881<br>• 대법 2003.3.14. 2002도5883<br>• 대법 2003.3.28. 2002도6060<br>• 대법 2006.5.12. 2002도3450 | "기업의 구조조정의 실시여부는 경영주체에 의한 고도의 경영상 결단에 속하는 사항으로서 이는 원칙적으로 <u>단체교섭의 대상이 될 수 없고</u>, 그것이 긴박한 경영상의 필요나 합리적인 이유없이 불순한 의도로 추진되는 등의 특별한 사정이 없는 한 노동조합이 그 실시를 반대하기 위하여 벌이는 쟁의행위에는 목적의 정당성을 인정할 수 없다" | 상동 |
| 4 | • 대법 2003.7.22. 2002도7225 | "오늘의 우리나라가 처하고 있는 경제현실과 오늘의 우리나라 노동쟁의의 현장에서 드러나는 여러 가지 문제점 등을 참작하면, 구조조정이나 합병 등 기업의 경쟁력을 강화하기 위한 경영주체의 경영상 조치에 대하여는 원칙적으로 <u>노동쟁의의 대상이 될 수 없다고</u> 해석하여 기업의 경쟁력 강화를 촉진시키는 것이 옳다." | 상동 |
| 5 | • 대법 2003.2.11. 2002두9919 | "평화의무는 단체협약에 규정되지 아니한 사항을 둘러싼 쟁의행위 또는 차기 협약체결을 위한 단체교섭을 둘러싼 쟁의행위에 대해서까지 그 효력이 미치는 것은 아니므로 단체협약 유효기간 중에도 노동조합은 <u>차기의 협약체결을 위하거나 기존의 단체협약에 규정되지 아니한 사항에 관하여 사용자에게 단체교섭을 요구할 수 있다</u>" | • "단체협약에 이미 규정된 임금, 근로시간 등에 관한 사용자의 명백한 단체협약 위반으로 인하여 발생한 분쟁상태"도 노동쟁의의 대상이 되었으므로,<br>• 평화의무는 단체협약에 |

| 번호 | 향후 변경될 가능성이 높은 기존 판례 | | 변경 사유 |
| --- | --- | --- | --- |
| | 판례번호 | 내용 | |
| | | | 규정되지 아니한 사항을 둘러싼 쟁의행위 또는 차기 협약체결을 위한 단체교섭을 둘러싼 쟁의행위에 국한되지 않는다. |

# 78

# 기업변동(합병·분할·영업양도)이 '근로조건에 영향을 미치는 사업경영상 결정'에 해당되는지

1. 기업변동 유형

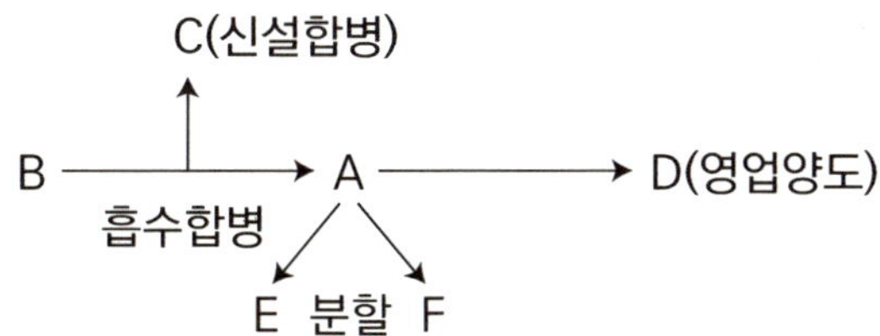


2. 사업경영상의 결정은 여러 행위가 결합되어 일련의 형태로 나타날 수 있고, 그 중 노동쟁의 대상이 되는 사업경영상의 결정은 근로조건에 대한 실질적·구체적 변동을 초래하는지를 기준으로 판단해야 하며, 결정 당시 근로자의 근로조건에 대한 영향이 추상적·잠재적 수준에 그치는 경우에는 노동쟁의 대상으로 보기 어렵다.

3. 기업변동 합병·분할·영업양도 의 경우, 우리나라 판례는 '원칙승계설'을 따르고 있음을 감안하여 볼 때, 기존 근로자의 근로조건에 영향을 미치지 않으므로, '기업변동의 사업경영상 결정'에 대해, 노조가 이를 반대하는 단체교섭을 요구하거나 파업을 할 수 없을 것이다.

4. 이에 따라 합병, 분할, 양도, 매각 등 기업조직 변동을 목적으로 하는 사업경영상의 결정 그 자체로는 근로조건에 실질적·구체적인 영향을 미친다고 보기 어려워 단체교섭 대상에 포함된다고 할 수 없으나, 이를 실현하는 과정에서 근로자 지위 또는 근로조건의 실질적·구체적 변동을 초래하는 정리해고, 구조조정에 따른 배치전환 등은 단체교섭 대상이 될 수 있다.

5. 결국, 합병, 분할, 매각, 양도 등의 결정에 따라 고용조정 등이 객관적으로 예상되는 경우에는 노동조합은 고용보장 요구 등*에 관한 단체교섭을 요구할 수는 있다.

**79**

# '국내외 공장 신설'이 '근로조건에 영향을 미치는 사업경영상 결정'에 해당되는지

1. 노동쟁의 대상이 되는 사업경영상의 결정은 근로조건에 대한 실질적·구체적 변동을 초래하는지를 기준으로 판단해야 하며, 결정 당시 근로자의 근로조건에 대한 영향이 추상적·잠재적 수준에 그치는 경우에는 노동쟁의 대상으로 보기 어렵다.

2. 국내외 공장을 신설하더라도 기존 근로자의 근로조건에 영향을 미치지 않는다면, 국내외 공장신설의 사업경영상 결정에 대해, 노조가 이를 반대하는 단체교섭을 요구하거나 파업을 할 수 없을 것이다.

# '공장이전'이 '근로조건에 영향을 미치는 사업경영상 결정'에 해당되는지

국내공장을 이전하는 경우, 기존 근로자의 근로조건에 영향을 미치므로 공장이전이라는 사업경영상 결정에 대해, 노조가 이를 반대하는 단체교섭을 요구하거나 파업을 할 수 있을 것이다.

# ‘일부 사업폐지·외주화’는 ‘근로조건에 영향을 미치는 사업경영상 결정’에 해당되는지

‘일부 사업폐지·외주화’는 기존 근로자의 근로조건에 영향을 미치므로, 노조가 이를 반대하는 단체교섭을 요구하거나 파업을 할 수 있을 것이다.

**82**

# '조직개편'은 '근로조건에 영향을 미치는 사업경영상 결정'에 해당되는지

1. 노동쟁의 대상이 되는 사업경영상의 결정은 근로조건에 대한 실질적·구체적 변동을 초래하는지를 기준으로 판단해야 하며, 결정 당시 근로자의 근로조건에 대한 영향이 추상적·잠재적 수준에 그치는 경우에는 노동쟁의 대상으로 보기 어렵다.

2. '조직개편'이 기존 근로자의 근로조건에 영향을 미치지 않는다면, 노조가 이를 반대하는 단체교섭을 요구하거나 파업을 할 수 없을 것이나, 기존 근로자의 근로조건에 영향을 미친다면, 노조가 이를 반대하는 단체교섭을 요구하거나 파업을 할 수 있을 것이다.

**83**

# '공기업 민영화'가, '근로조건에 영향을 미치는 사업경영상 결정'에 해당되는지

1. 노동쟁의 대상이 되는 사업경영상의 결정은 근로조건에 대한 실질적·구체적 변동을 초래하는지를 기준으로 판단해야 하며, 결정 당시 근로자의 근로조건에 대한 영향이 추상적·잠재적 수준에 그치는 경우에는 노동쟁의 대상으로 보기 어렵다.

2. 기존 근로자의 근로조건에 영향을 미치지 않는다면, 노조가 이를 반대하는 단체교섭을 요구하거나 파업을 할 수 없을 것이다.

# 구조조정·정리해고는 '근로조건에 영향을 미치는 사업경영상 결정'에 해당되는지

구조조정·정리해고의 경우, 기존 근로자의 근로조건에 영향을 미치므로 구조조정·정리해고라는 사업경영상 결정에 대해, 노조가 이를 반대하는 단체교섭을 요구하거나 파업을 할 수 있을 것이다.

### 〈사업경영상 결정 유형에 따른 노동쟁의 해당성〉

| 연번 | 사업경영상 결정 유형 | 노동쟁의 해당성 |
|---|---|---|
| 1 | 기업변동(합병·분할·영업양도) | × |
| 2 | 국내외 공장 신설 | × |
| 3 | 공장이전 | ○ |
| 4 | 구조조정·정리해고 | ○ |
| 5 | 일부 사업폐지·외주화 | ○ |
| 6 | 구조조정과 무관한 조직개편 | × |
| 7 | 공기업 민영화 | × |

※ 출처 : 2026.2.27. 고용노동부 개정노조법 해석지침

**85**

# 노사 합의로 "정리해고를 하지 않는다"는 이른바, '고용안정협약' 체결 시, 정리해고는 할 수 없는 것인지

## 1. 원칙 : 정리해고 불가

사용자가 노동조합과의 협상에 따라 정리해고를 제한하기로 하는 내용의 단체협약을 체결하였다면 특별한 사정이 없는 한 그 단체협약이 강행법규나 사회질서에 위배된다고 볼 수 없고, 나아가 이는 근로조건 기타 근로자에 대한 대우에 관하여 정한 것으로서 그에 반하여 이루어지는 정리해고는 원칙적으로 정당한 해고라고 볼 수 없다 대법 2011.5.26, 2011두7526 한국주철관 사건 .

## 2. 예외① : 정리해고 가능 사정변경설

그러나, 이처럼 정리해고의 실시를 제한하는 단체협약을 두고 있더라도, 그 단체협약을 체결할 당시의 사정이 현저하게 변경되어 사용자에게 그와 같은 단체협약의 이행을 강요한다면 객관적으로 명백하게 부당한 결과에 이르는 경우에는 사용자가 단체협약에 의한 제한에서 벗어나 정리해고를 할 수 있을 것이다 대법 2014.3.27. 2011두20406 포레시아배기 컨트롤시스템코리아 사건 .

## 3. 예외② : 정리해고 가능 <sub>사정변경설</sub>

당초에 이루어진 고용안정협약의 정리해고미실시 조항은 그 후에 발생한 예상치 못한 급격한 상황 변화에 대응하여 이루어진 새로운 합의에 의하여 사실상 변경되었다고 할 것이므로, 이 사건 해고가 당초에 이루어진 고용안정협약에 기재된 문언내용에 어긋난다는 이유만으로 무효라고 볼 수 없다" 대법 2003.10.24, 2003다43278 대우자동차 사건

### 〈고용안정협약과 정리해고의 효력〉

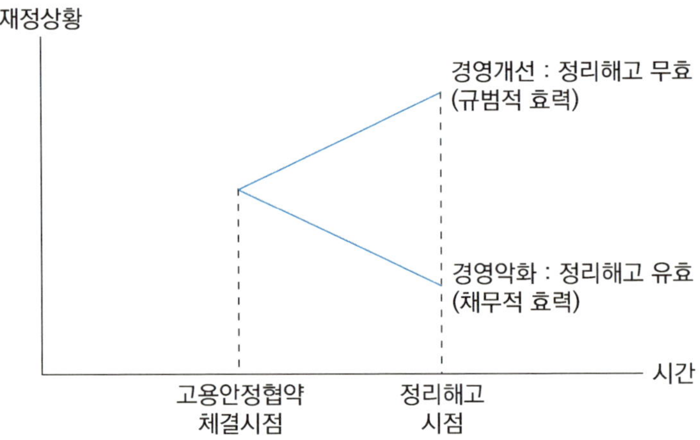

**86**

# 특정 인사경영권 행사 시, 노동조합의 동의를 받도록 노사합의한 경우, 노동조합의 동의가 없다면, 사용자는 특정 인사경영권을 행사할 수 없는 것인지

1. 원칙 : 인사경영권 행사 불가 대법 2007.9.6, 2005두8788 .

노동조합이 사전동의권을 남용한 경우라 함은 노동조합측에 중대한 배신행위가 있고 그로 인하여 사용자측의 절차의 흠결이 초래되었다거나, 피징계자가 사용자인 회사에 대하여 중대한 위법행위를 하여 직접적으로 막대한 손해를 입히고 비위사실이 징계사유에 해당함이 객관적으로 명백하며 회사가 노동조합측과 사전 합의를 위하여 성실하고 진지한 노력을 다하였음에도 불구하고 노동조합측이 합리적 근거나 이유 제시도 없이 무작정 반대함으로써 사전 합의에 이르지 못하였다는 등의 사정이 있는 경우에 인정되므로, 이러한 경우에 이르지 아니하고 단순히 해고사유에 해당한다는 이유만으로는 노동조합이 사전동의권을 남용하여 해고를 반대하고 있다고 단정하여서는 아니 된다.

## 2. 예외 : 인사경영권 행사 가능 대법 1993.9.28., 91다30620 .

　　노동조합의 사전동의권은 어디까지나 신의성실의 원칙에 입각하여 합리적으로 행사되어야 할 것이고, 따라서 피징계자에게 객관적으로 명백한 징계사유가 있고 이에 대한 징계를 함에 있어 사용자가 노동조합측의 동의를 얻기 위하여 성실하고 진지한 노력을 다하였음에도 불구하고 노동조합측이 합리적 근거나 이유제시도 없이 무작정 반대함으로써 동의거부권을 남용한 것이라고 인정되거나 노동조합측이 스스로 이러한 사전동의권의 행사를 포기하였다고 인정된다면 사용자가 노동조합측의 사전동의를 받지 못하였다고 하여 그 징계처분을 무효로 볼 수는 없다

**87**

# 이번 개정 노동조합법 제92조 제2호 중에서 근로조건에 관한 사항인 '가목부터 라목까지'에 대한 사용자의 '명백한 단체협약 위반'을 노동쟁의 대상으로 포함한 바, 이때 '명백한 단체협약 위반'이란

※ 단체협약 내용 중 노동조합 활동에 관한 사항인 법 제92조 제2호 '마목'과 '바목' 위반은 노동쟁의에 포함하고 있지 않음

1. '명백한 단체협약 위반'의 개념

'명백한 단체협약 위반'이란, 단체협약 문언의 객관적 의미가 명확하여 해석상 다툼의 여지가 없음에도 사용자가 정당한 사유 없이 불이행한 경우를 의미하며, 구체적으로 사용자가 단체협약 위반을 스스로 인정하면서도 이행하지 않거나, 노동위원회의 노동쟁의 조정이나 지방고용노동관서의 노사 교섭지도 과정에서도 위반사실이 객관적으로 확인되는 경우 등을 말한다.

2. '명백한 단체협약 위반' 예시

- 단체협약에 명시된 임금·복리후생비 등을 지급기일이나 규정대로 지급하지 않는 경우

- 단체협약에 명시된 근로 및 휴게시간, 휴일, 휴가를 부여하지 않는 경우
- 단체협약에 명시된 징계 및 해고의 사유와 중요한 절차, 해고 시 노조와의 동의 등 절차를 거치지 않고 징계를 하는 경우
- 단체협약에 명시된 안전보건 및 재해부조에 관한 내용을 준수하지 않은 경우

# 88

# 노동조합이 '명백한 단체협약 위반'이라고 주장할 경우, 사용자의 대응방안은

## 1. 노동위원회에 해석요청

**노동조합법 제34조**(단체협약의 해석)

제34조(단체협약의 해석) ① 단체협약의 해석 또는 이행방법에 관하여 관계 당사자간에 의견의 불일치가 있는 때에는 당사자 쌍방 또는 단체협약에 정하는 바에 의하여 어느 일방이 노동위원회에 그 해석 또는 이행방법에 관한 견해의 제시를 요청할 수 있다.

② 노동위원회는 제1항의 규정에 의한 요청을 받은 때에는 그 날부터 30일 이내에 명확한 견해를 제시하여야 한다.

③ 제2항의 규정에 의하여 노동위원회가 제시한 해석 또는 이행방법에 관한 견해는 중재재정과 동일한 효력을 가진다.

## 2. 노동위원회에 조정신청

**노동조합법 제45조**(조정의 전치)

제45조(조정의 전치) ①노동관계 당사자는 노동쟁의가 발생한 때에는 어느 일방이 이를 상대방에게 서면으로 통보하여야 한다.

② 쟁의행위는 제5장제2절 내지 제4절의 규정에 의한 조정절차(제61조의2의 규정에 따른 조정종료 결정 후의 조정절차를 제외한다)를 거치지 아니하면 이를 행할 수 없다.

# 3. 법원에 쟁의행위 금지 가처분 신청



제300조(가처분의 목적) ① 다툼의 대상에 관한 가처분은 현상이 바뀌면 당사자가 권리를 실행하지 못하거나 이를 실행하는 것이 매우 곤란할 염려가 있을 경우에 한다.

② 가처분은 다툼이 있는 권리관계에 대하여 임시의 지위를 정하기 위하여도 할 수 있다. 이 경우 가처분은 특히 계속하는 권리관계에 끼칠 현저한 손해를 피하거나 급박한 위험을 막기 위하여, 또는 그 밖의 필요한 이유가 있을 경우에 하여야 한다.

# 89

# 노동위원회에서 '근로조건에 영향을 미치는 경영상 결정에 해당되지 않는다'고 행정지도한 경우 조정전치 이행한 것으로 볼 수 있는지

노동위원회가 노동조합의 노동쟁의 조정신청사건에 대하여 조정대상이 아닌 것으로 인정하였음에도 불구하고 노동조합이 별도의 조정절차를 거치지 않고 바로 쟁의행위에 돌입하였다면 이는 같은 법 제45조 제2항 조정전치 위반이다. 따라서, 조정절차를 거치지 않은 쟁의행위는 조정기간 경과에 관계없이 위 조항 위반이라 할 수 있으나 그 정당성 여부는 쟁의행위의 주체, 목적, 수단이나 방법 등 제반사항을 종합하여 판단하여야 할 것이다 2000.5.20., 협력 68140-197 .

**보충설명 28**

## 노동쟁의 조정(調停)

### 1. 의의

조정(調停)[4]이란 노동쟁의에 대하여 제3자인 노동위원회 또는 단독

---

4) 대립되는 둘 사이의 분쟁을 중간에서 조절하여 타협할 수 있도록 화해시키는

조정인이 노동쟁의 조정(調整)신청을 한 노사당사자의 의견을 들은 다음 조정(調停)안을 작성하여 이의 수락을 권고하는 절차를 의미한다. 조정은 공적기관인 노동위원회에서 담당한다는 점에서 사적조정과 다르고, 당사자가 조정안의 수락을 거부할 수 있다는 점에서 당사자의 수락여부와 관계없이 확정적인 효력을 갖는 중재(仲裁)와 다르다. 노조법에서 조정절차를 거치지 않으면 쟁의행위를 할 수 없도록 조정전치주의를 정하고 있으므로(노조법 제45조 제2항), 노사당사자는 노동쟁의가 발생한 때에는 상대방에게 서면으로 통보하고(노조법 제45조 제1항) 쟁의행위를 하기 위해서는 노동위원회에 조정을 신청하여야 한다.

## 2. 조정의 개시

노동위원회는 관계 당사자의 일방이 노동쟁의의 조정을 신청한 때에는 지체 없이 조정을 개시하여야 하며 관계 당사자 쌍방은 이에 성실히 임하여야 하고, 조정신청 전이라도 원활한 조정을 위하여 교섭을 주선하는 등 관계 당사자의 자주적인 분쟁 해결을 지원할 수 있다(노조법 제53조). 노동위원회는 노동쟁의의 조정을 하게 된 경우에 지체 없이 당해 사건의 조정을 위한 조정위원회 또는 특별조정위원회를 구성하여야 하고(노조법시행령 제26조), 그 신청내용이 조정 또는 중재의 대상이 아니라고 인정할 경우에는 그 사유와 다른 해결방법을 알려주어야 하며(노조법시행령 제24조 제2항), 조정을 하게 된 경우에 지체 없이 이를 서면으로 관계당사자에게 각각 통보하여야 한다(노조법시행령 제25조).

---

것을 의미하며 영어로 mediation이라고 한다.

## 3. 조정기간

조정은 조정의 신청이 있은 날부터 ① 일반사업에 있어서는 10일, ② 공익사업에 있어서는 15일 이내에 종료하여야 한다. 이러한 조정기간은 관계 당사자 간의 합의로 일반사업에 있어서는 10일, 공익사업에 있어서는 15일 이내에서 연장할 수 있다(노조법 제54조).

## 4. 조정의 효력

조정안이 관계 당사자에 의하여 수락된 때에는 조정위원 전원 또는 단독조정인은 조정서를 작성하고 관계 당사자와 함께 서명 또는 날인하여야 하며, 조정서의 내용은 단체협약과 동일한 효력을 가진다. 노동당사자가 조정안을 수락한 경우에는 노동쟁의가 해결된다.

## 5. 참고

「노동쟁의의 조정(調整)5)」이라 함은 노동관계 당사자 간에 근로조건의 결정에 관한 불일치로 노동쟁의가 발생한 경우 당해 노동쟁의를 신속하고 공정하게 해결하여 쟁의행위로 인한 노동관계 당사자의 손실을 방지하고 국민경제의 안정과 발전에 기여하기 위해 행해지는 절차를 의미한다. 현행 노조법에는 노동쟁의 조정제도로서 조정(調停)·중재·긴급조정 절차를 규정하고 있다.

---

5) 사전(事典)적으로 「어떤 기준이나 실정에 맞도록 조절하여 정돈함」을 의미하며 영어로 adjustment라고 한다.

**90**

# 하청노조가 원청에 추가 교섭요구사항에 대하여 조정절차를 거치지 않는 경우, 파업의 정당성이 있는지

1. "업무복귀 후인 6.15. 기존회사가 경영상의 사유로 신설회사에 흡수합병 됨에 따라 노조가 신설회사에 승계된 것을 이유로 기존 교섭 내용이 아닌 새로운 단체협약 안을 제시하여 108개항 중 107개항을 합의한 후 <sub>최초 조정신청 당시의 노사간 주장의 불일치 사항은 해소</sub>, '시간제 근로자 정규직화' 등의 적정인력 문제와 7.23. 재개된 교섭에서 추가 제시한 '소사장 근로자 직영화'건이 타결되지 아니하자, 동 사항 관철을 위해 노조에서 재차 쟁의행위에 돌입한 것이라면, 최초 쟁의행위시와 쟁의행위를 재개한 시점 사이에 있어 양자가 동일한 분쟁상태 <sub>노동쟁의</sub> 에 있다고 보기 어려우므로 노조법 제45조 제2항의 규정에 의한 조정절차를 다시 거쳐야 할 것이다" 2001.8.23. 협력 68107-427 .

2. 한편, 노조법 제61조의2제1항에서 "노동위원회는 조정의 종료가 결정된 후에도 노동쟁의의 해결을 위하여 조정을 할 수 있다"고 규정하였으므로 파업기간 중 조정도 가능하다.

## 91

# 하청노조원들이 원청 사업장에서<br>직장점거 쟁의 활동이 가능한지

## 1. 관련 법 규정

**노조법 제42조【폭력행위 등의 금지】**

노조법 제42조【폭력행위 등의 금지】① 쟁의행위는 폭력이나 파괴행위 또는 생산 기타 주요업무에 관련되는 시설과 이에 준하는 시설로서 대통령령이 정하는 시설을 점거하는 형태로 이를 행할 수 없다(※제89조 : 제42조 제1항의 규정에 위반한 자는 3년 이하의 징역 또는 3천만원 이하의 벌금에 처한다).

## 2. 판례 : 부분적·병존적 직장점거 가능

**대법 2020.9.3, 2015도1927**

### 1. 사실관계

피고인들은 한국수자원공사 시설관리 및 청소 용역업체('이 사건 수급업체들') 직원들로 구성된 수자원공사지회 지회장 또는 조합원들임. 수자원공사지회는 이 사건 수급업체들과 단체협상이 결렬되고 조정이 불성립하자 2012.6.25.경부터 임금인상 등을 요구하며 파업에 돌입하였음. 피고인들은 수자원공사지회 조합원들과 함께 3일간, 한 번에 각각 1시간, 1시간 20분, 2시간 40분간에 걸쳐 한국수자원공사 사업장 내 건물들 사이 인도에 모여 구호를 외치고 노동가를 제창하는 등의 방법으로 집회·시위를 하였고, 한국수자원공사 직원으로부터 퇴거를 요구받았으나 불응하였음. 파업으로 중단된 화장실 청소 등의 업무를 위해 이 사건 수급업체(청소 용역업체) 대표이사가 대체 인력을 투입하자, 피고인들은 두 차례에 걸쳐 대체 투입 근로자들 앞을 막고 밖으로 나가라며 고함을 지르고, 수거된 쓰레기를 건물 복도에 버리는 등 대체 투입 근로자의 업무를 방해함. 이에 피고인들이 업무방해, 퇴거불응의 공소사실로 기소

## 2. 판결

피고인들이 수자원공사지회 조합원들과 함께 한국수자원공사 사업장에서 이 사건 각 집회를 개최하였다고 하더라도 이러한 행위는 사회상규에 위배되지 아니하는 정당행위로서 위법성이 조각되고, 피고인들이 대체근로자들의 작업을 방해한 것은 위법한 대체근로자 투입에 대항하기위해 상당한 범위 내에서 실력 행사가 이루어진 정당행위에 해당하여 위법성이 조각된다.

보충설명 29

## 단순파업시, 업무방해죄 등 형사적 책임 요건

노조법상 쟁의행위는 업무의 정상적인 운영을 저해하는 행위라고 규정되어 있다(노조법 제2조 제6호). 따라서 다수의 근로자들이 집단적으로 근로의 제공을 거부하는 쟁의행위가 헌법에서 보장하는 정당한 쟁의행위라 하더라도 필연적으로 업무저해성이 수반되기 때문에 형법상 업무방해죄가 성립될 수 있는지 문제된다.

　2011년 대법원 판례에 따르면 근로자는 원칙적으로 헌법상 보장된 기본권으로서 근로조건 향상을 위한 자주적인 단결권·단체교섭권 및 단체행동권을 가지므로(헌법 제33조 제1항), 쟁의행위로서 파업이 언제나 업무방해죄에 해당하는 것으로 볼 것은 아니고, 전후 사정과 경위 등에 비추어 사용자가 <u>예측할 수 없는 시기에 전격적으로 이루어져 사용자의 사업운영에 심대한 혼란 내지 막대한 손해를 초래</u>하는 등으로 사용자의 사업 계속에 관한 자유의사가 제압·혼란될 수 있다고 평가할 수 있는 경우에 비로소 집단적 노무제공의 거부가 위력에 해당하여 업무방해죄가 성립한다고 보는 것이 타당하다고 판단하였다(대법전원합의체 2007도482, 2011.3.17.).

　2014년 대법원 판례에 따르면 전국적으로 진행된 순환파업과 전면파업으로 말미암아 다수의 열차운행이 중단되어 거액의 영업수익 손실이 발생하고 열차를 이용하는 국민의 일상생활이나 기업의 경제활동에 지장이 생기지 않도록 적지 않은 수의 대체인력이 계속적으로 투입될 수밖에 없는 등 큰 피해가 야기된 이상, 이로써 사업운영에 심대한 혼란과 막대한 손해를 끼치는 상황을 초래하였다고 봄이 상당하다. 따라서 순환파업과 전면파업은 사용자의 사업 계속에 관한 자유의사를 제압·혼란하게 할 만한 세력으로서, 업무방해죄의 위력에 해당한다고 보기에 충분하다고 인정하였다(대법 2013도875, 2014.8.26.).

# 92

# 원청 노조가 개정된 노동조합법에 따라 새롭게 단체교섭의 대상이 된 의제(예 : 고용안정협약 등)에 대해 보충협약 체결을 위한 교섭을 요구할 수 있는지

1. 단체협약을 체결하는 과정에서는 당사자간에 분쟁이 발생할 수 있으나 체결된 후에는 그 유효기간 동안 노사관계를 안정시키고 산업 평화를 보장하는 기능을 한다. 따라서, 단체협약에는 그 유효기간 동안 협약으로 결정한 사항의 변경을 요구하는 쟁의행위를 하지 않는다는 "평화의무"가 당연히 내재한다.

2. 그러나, 평화의무는 기존 단체협약에 규정된 사항에만 적용되는 것으로 단체협약에 규정되지 않는 내용 등에 대해서는 적용되지 않는다.

### 대법 2003.2.11, 2002두9919

평화의무는 단체협약에 규정되지 아니한 사항을 둘러싼 쟁의행위 또는 차기 협약 체결을 위한 단체교섭을 둘러싼 쟁의행위에 대해서까지 그 효력이 미치는 것은 아니므로 단체협약 유효기간 중에도 노동조합은 차기의 협약체결을 위하거나 기존의 단체협약에 규정되지 아니한 사항에 관하여 사용자에게 단체교섭을 요구할 수 있다고 할 것이고, 위와 같은 경우에 단체협약 등의 개폐를 요구하는 노동조합의 행위를 평화의무에 반하는 것이라 볼 수는 없다.

3. 따라서 원청 노조는 개정된 노동조합법에 따라 새롭게 단체교섭의 대상이 된 의제 예 : 고용안정협약 등 에 대해 보충협약 체결을 위한 교섭을 요구할 수 있다.



## 평화의무와 평화조항

「평화의무」라 함은 단체협약 ① 유효기간 중에는 단체협약에서 ② 정한 내용을 ③ 변경·폐지하기 위하여 ④ 쟁의행위를 해서는 안 된다는 것을 의미한다. 그러나 ① 차기 교섭을 타결하기 위한 쟁의행위, ② 단체협약 이행·해석과 관련한 쟁의행위를 하는 것은 평화의무 위반이 아니다. 또한 ③ 단체협약 내용을 유효기간 도중에 변경하고자 단체교섭을 요구하는 것, ④ 단체협약에 규정하지 않은 사항을 선정하기 위한 쟁의행위도 평화의무 위반은 아니다.

대법원 판례에 따르면 단체협약이 체결된 경우에 협약당사자인 노사 양측은 그 협약내용을 준수해야 하고, 특별한 사정이 없는 한 단체협약의 유효기간 중에 단체협약에서 이미 정한 근로조건이나 기타 사항의 변경·개폐를 요구하는 쟁의행위를 하지 않을 이른바 평화의무를 부담한다고 하여 평화의무를 인정하고 있다(대법 2002두9919, 2003.2.11.). 평화의무는 단체협약에 이에 관한 근거규정이 없어도 발생하는 의무이며, 단체협약에 구체적으로 근거규정을 두어야 인정되는 「평화조항」과 구분된다.

「평화조항」이라 함은 쟁의행위 발생 이전에 쟁의행위를 미연에 방지하고 분쟁을 평화적으로 해결하기 위하여 단체협약에 쟁의행위의 일정한 절차를 규정해 놓은 조항을 의미한다. 평화조항의 위반은 쟁의행위의 절차를 단순히 위반한 것이기 때문에 쟁의행위의 정당성이 상실되지 않으나 단체협약상의 채무불이행으로 인한 손해배상의무를 부담한다. 참고로 노동조합은 평화조항이 없는 경우에도 노조법에서 정하는 조정절차를 거쳐야 쟁의행위의 정당성을 갖출 수 있다.



## 보충협약이란 무엇인가

「단체협약」은 노조법 제31조 제1항의 규정에 따라 권한 있는 노사 당사자가 단체교섭의 결과 합의한 내용을 서면으로 작성하여 당사자 쌍방이 서명·날인한 협정서를 의미하는바 조합원의 근로조건 등에 관하여 노사가 교섭 후에 합의한 결과를 서면으로 작성하여 당사자 쌍방이 서명함으로써 체결된 경우라면 그 명칭여하(특별협약, 보충협약 등)에 관계없이 단체협약에 해당된다(노동조합과-3315, 2004.11.25.).

1. 노사공동결의서가 단체협약인지 여부(대법 2003다52456, 2005.5.12.)
 노동조합이 사용자와 상여금·휴가비 등을 반납하기로 하는 내용의 노사 공동결의서를 작성한 경우, 위 노사공동결의서로 상여금·휴가비 등에 관한 기존 단체협약이 변경된 것으로 본다.

2. 단체협약 체결 후 노조와의 합의로 작성한 징계규정 (대법 92누16508, 1993.7.16.)
 징계규정이 징계절차에 관하여 단체협약상의 규정과 문언상 차이를 갖고 있다 하더라도 단체협약 체결 후 노동조합과의 합의하에 작성되었고 단체협약을 보충하는 것이라면 단체협약에 위배되지 않을 경우 유효하다. 징계규정의 작성시기가 단체협약 체결 이후에 작성되었고 회사가 일방적으로 작성한 것이 아니라면 단체협약 상 징계의결조항을 보충하는 의미가 있는 것으로서 유효하다.

## 3. 노사협의회를 통해 체결된 단체협약 (대법 2003다27429, 2005.3.11.)

 단체협약은 노동조합이 사용자 또는 사용자단체와 근로조건 기타 노사관계에서 발생하는 사항에 관한 협정(합의)을 문서로 작성하여 당사자 쌍방이 서명 날인함으로써 성립하는 것이고, 그 협정(합의)이 반드시 정식의 단체교섭절차를 거쳐서 이루어져야만 하는 것은 아니다. 따라서 노동조합과 사용자 사이에 근로조건 기타 노사관계에 관한 합의가 노사협의회의 협의를 거쳐서 성립되었더라도, 당사자 쌍방이 이를 단체협약으로 할 의사로 문서로 작성하여 당사자 쌍방의 대표자가 각 노동조합과 사용자를 대표하여 서명 날인하는 등으로 단체협약의 실질적·형식적 요건을 갖추었다면 이는 단체협약이라고 보아야 할 것이다.

# 93

## 실질적 지배력이 인정되는 원청 사용자가 특정 하청노조의 파업을 이유로 해당 하청업체에 물량을 감소하거나 도급계약을 해지하겠다고 발언할 경우 원청은 어떤 책임을 지게 되는지

1. 실질적 지배력이 인정되는 원청 사용자가, 특정 하청노조의 파업을 이유로 해당 하청업체에 물량을 감소하거나 도급계약을 해지하겠다고 발언할 경우, 원청은 부당노동행위 책임이 발생할 수 있다.

2. 관련 법 규정

| 유형 | 근거 | 노동조합법 제81조 제1항(부당노동행위 유형) |
|---|---|---|
| 불이익 취급 | 제1호 | • 근로자가 노동조합에 가입 또는 가입하려고 하였거나, 노동조합을 조직하려고 하였거나 기타 노동조합의 업무를 위한 정당한 행위를 한 것을 이유로 그 근로자를 해고하거나 그 근로자에게 불이익을 주는 행위 |
| | 제5호 | • 근로자가 정당한 단체행위에 참가한 것을 이유로 하거나 또는 노동위원회에 대하여 사용자가 이 조의 규정에 위반한 것을 신고하거나 그에 관한 증언을 하거나 기타 행정관청에 증거를 제출한 것을 이유로 그 근로자를 해고하거나 그 근로자에게 불이익을 주는 행위 |

| 유형 | 근거 | 노동조합법 제81조 제1항(부당노동행위 유형) |
|---|---|---|
| 황견계약 | 제2호 | • 근로자가 어느 노동조합에 가입하지 아니할 것 또는 탈퇴할 것을 고용조건으로 하거나 특정한 노동조합의 조합원이 될 것을 고용조건으로 하는 행위. |
| | 단서 | • 다만, 노동조합이 당해 사업장에 종사하는 근로자의 3분의 2 이상을 대표하고 있을 때에는 근로자가 그 노동조합의 조합원이 될 것을 고용조건으로 하는 단체협약의 체결은 예외로 하며, 이 경우 사용자는 근로자가 그 노동조합에서 제명된 것 또는 그 노동조합을 탈퇴하여 새로 노동조합을 조직하거나 다른 노동조합에 가입한 것을 이유로 근로자에게 신분상 불이익한 행위를 할 수 없다.(유니온숍) |
| 단체교섭 거부 | 제3호 | • **"사용자"**가 노동조합의 대표자 또는 노동조합으로부터 위임을 받은 자와의 단체협약체결 기타의 단체교섭을 정당한 이유없이 거부·해태행위(※실질적 지배력을 가지는 원청은 하청노조에 사용자 지위 인정) |
| 지배· 개입 | 제4호 | • 근로자가 **노동조합을 조직 또는 운영하는 것을 지배하거나 이에 개입하는 행위**와 근로시간 면제한도를 초과하여 급여를 지원하거나 노동조합의 운영비를 원조하는 행위 |
| | 단서 | • 다만, 근로자가 근로시간 중에 제24조 제2항에 따른 활동을 하는 것을 사용자가 허용함은 무방하며, 또한 근로자의 후생자금 또는 경제상의 불행 그 밖에 재해의 방지와 구제 등을 위한 기금의 기부와 최소한의 규모의 노동조합사무소의 제공 및 그 밖에 이에 준하여 노동조합의 자주적인 운영 또는 활동을 침해할 위험이 없는 범위에서의 운영비 원조행위는 예외로 한다(근로시간면제 등). |

3. 판례 : 원청의 하청에 대한 실질적 지배력이 인정되어, 원청이 하청노조에 부당노동행위 "지배개입"을 인정한 최초의 판례 대법 2010.3.25. 2007두8881 ○○중공업 사건

① 원고 회사 사내 하청업체 소속 일부 근로자들은 2003.3.경부터 비밀리에 노동조합준비위원회를 결성하고 비밀조합원제도를 유지하여 오다가 일부 조합원의 신분이 노출되자 같은 해 8.24. 보조참가인 5(이하 참가인 조합이라고 한다)창립총회를 거쳐 같은 달 30. 노동조합설립신고증을 교부받게 되었는데, 원고 회사는 2003.8.26. 사내 하청업체 성원기업 대표 소외 1로 하여금 참가인 조합의 조합원으로 드러난 참가인 4를 사업장에서 근무하지 못하도록 요청하여 근무대기를 하도록 하였고, 같은 달 29.소외 1에게 참가인 4가 참가인 조합 임원인 사실을 알려준 점,

② 원고 회사의 사내 하청업체는 대부분 원고 회사의 업무만 수행하고 있고, 원고 회사는 사내 하청업체에 대한 개별도급계약의 체결 여부 및 물량을 그 계획에 따라 주도적으로 조절할 수 있는데다가 그 외에도 도급계약의 해지, 사내 하청업체 등록해지 권한을 가지고 있는 등 사내 하청업체에 대하여 우월적 지위에 있었던 점,

③ 원고 회사가 사내 하청업체에게 소속 근로자가 원고 회사에서 유인물을 배포하는 등 회사 운영을 방해하고 있다면서 계약해지 등의 경고를 한 점,

④ 참가인 조합 회계감사인 소외 2가 소속된 원광산업전기는 2003.8.30. 폐업하고, 참가인 조합 위원장인 참가인 1이 소속된 주식회사 ○○기업(이하, '○○기업'이라 한다)은 2003.10.8. 폐업하였으며, 그 사이에도 참가인 2가 소속된 ○○산업 주식회사(이하, '○○산업'이라 한다), 참가인 조합 사무국장인 참가인 4가 소속된 성원기업(의장부분만 폐지)등의 사내 하청업체들이 경영상 폐업할 별다른 사정이 없음에도 참가인 조합 설립 직후에 참가인 근로자들이 참가인 조합 간부임이 드러나고 근로조건에 대한 협상요구를 받은 즉시 폐업을 결정한 것을 볼 때, 위 사내 하청업체들의 폐업이유는 참가인 조합의 설립 이외에 다른 이유가 없다고 보이는 점

⑤ 위 사내 하청업체들은 1997년경부터 설립되어 그 폐업시까지 아무런 문제없이 운영되어 온 회사들로서 전에 노사분규를 경험하여 본 적이 없고, 수십 명

의 소속 근로자를 두고 있으며, 위 폐업시기가 본격적인 단체협상을 하기도 전이라는 점에서 위 폐업결정은 사내 하청업체의 독자적인 결정이라고 보이지 않는 점

⑥ 위 ○○기업의 경우 폐업결정 직후에 그 부분 사업을 인수할 효정산업이 설립되었고, 실제로 폐업한 위 ○○기업 소속 근로자 상당수가 효정산업으로 적을 옮겨 ○○기업이 하던 원고 회사 도장5부의 작업을 하고 있으며, ○○산업의 경우 폐업공고 직후 신라 주식회사에서 패널 조립업무에 근무할 근로자를 모집하여 ○○산업이 하던 패널 조립작업을 그대로 이어받았고, 원고 회사가 △△기업에 대하여 계약해지를 예상하고 있었음에도 참가인 조합의 임원이 소속된 성원기업 의장부분이 갑자기 폐지되고 성원기업 의장부분 소속 근로자가 △△기업에 입사하였는데, 영세하고 정보력이 부족한 사내 하청업체들의 독자적인 능력만으로 폐업 및 직원모집, 회사설립 등의 복잡한 업무를 원고 회사의 운영에 아무런 차질이 없도록 위와 같이 신속하게 진행할 수 있었다고는 보이지 않는 점 등을 종합하여 볼 때

원고 회사가 사업폐지를 유도하는 행위와 이로 인하여 참가인 조합의 활동을 위축시키거나 침해하는 지배·개입 행위를 하였다.

PART **7**

# 불법파업 시 손해배상책임 제한

<table>
<tr><th>2026.3.9.이전</th><th>2026.3.9.이후(노조법 제3조 및 제3조의 2 신설)</th></tr>
<tr><td>

노조법 제3조(손해배상 청구의 제한) 사용자는 이 법에 의한 단체교섭 또는 쟁의행위로 인하여 손해를 입은 경우에 노동조합 또는 근로자에 대하여 그 배상을 청구할 수 없다.

</td><td>

노조법 제3조(손해배상 청구의 제한) ① 사용자는 이 법에 의한 단체교섭 또는 쟁의행위, <u>그 밖의 노동조합 활동으로 인하여</u> 손해를 입은 경우에 노동조합 또는 근로자에 대하여 그 배상을 청구할 수 없다(종전과 동일).

② 사용자의 불법행위에 대하여 노동조합 또는 근로자의 이익을 방위하기 위하여 부득이 사용자에게 손해를 가한 노동조합 또는 근로자는 배상할 책임이 없다(신설)

③ <u>법원</u>은 단체교섭, 쟁의행위, 그 밖의 노동조합의활동으로 인한 손해배상책임을 근로자에게 인정하는 경우, 손해의 배상의무자인 근로자에 대하여 다음 각 호에 따라 책임비율을 정하여야 한다(신설)

　1. 노동조합에서의 지위와 역할

　2. 쟁의행위 등 참여경위 및 정도

　3. 손해발생에 대한 관여의 정도

　4. 임금 수준과 손해배상청구금액

　5. 손해의 원인과 성격

　6. 그 밖에 손해의 공평한 분담을 위해 고려할 필요가 있다고 인정하는 사항

④ 제3항에 따른 배상의무자인 노동조합과 근로자는 법원에 배 상액의 감면을 청구할 수 있다. 이때 <u>법원</u>은 배상의무자의 경제상태, 부양의무 등 가족관계, 최저생계비 보장 및 존립유지 등을 고려하여 각 배상의무자별로 감면여부 및 정도를 판단하여야 한다(신설)

⑤ 「신원보증법」 제6조에도 불구하고 신원보증인은 단체교섭, 쟁의행위, <u>그 밖의 노동조합의 활동으로</u> 인하여 발생한 손해에 대해서는 배상할 책임이 없다(신설)

⑥ 사용자는 노동조합의 존립을 위태롭게 하거나 운영을 방해할 목적 또는 조합원의 노동조합활동을 방해하고 손해를 입히려는 목적으로 손해배상청구권을 행사하여서는 아니된다(신설)

제3조의 2(책임면제) 사용자는 단체교섭 또는 쟁의행위, 그 밖의 노동조합활동으로 인한 노동조합 또는 근로자의 손해배상 등 책임을 면제할 수 있다(신설).

</td></tr>
</table>

# 94

# 쟁의행위에 해당하지 않는 '근무시간 외 노동조합 활동'으로 인한 손해에 대해서도 손해배상청구가 제한되는지
### (개정 노조법 제3조 제1항)

1. 2026.3.10.시행 개정노조법 제3조 제1항은 "사용자는 이 법에 따른 단체교섭 또는 쟁의행위, <u>그 밖의 노동조합의 활동</u>으로 인하여 손해를 입은 경우에 노동조합 또는 근로자에 대하여 그 배상을 청구할 수 없다"고 규정하고 있다.

2. 이는 개정 전 제3조인 "사용자는 이 법에 의한 단체교섭 또는 쟁의행위로 인하여 손해를 입은 경우에 노동조합 또는 근로자에 대하여 그 배상을 청구할 수 없다"에 추가하여 '<u>그 밖의 노동조합의 활동</u>으로' 라는 문구를 삽입한 것으로서 단체교섭이나 쟁의행위에 해당하지 않는 노동조합 활동에 대한 손해배상청구 제한의 법적 근거를 명확히 규정하였다.

3. 또한, 2025년 개정 노조법 제2조에 "이 경우 근로계약 체결 당사자가 아니더라도 근로자의 근로조건에 대하여 실질적이고 구체적으로 지배·결정할 수 있는 지위에 있는 자도 그 범위에 있어서는 사용자로 본다"는 문구가 추가되었으므로, 이에 따라 사용자성이 긍정되는 자를

상대로 한 쟁의행위의 경우 본 조항이 적용될 수 있다.

4. 한편, 본 조항에 따라 사용자의 손해배상청구가 제한되는 행위는 '이 법에 따른 단체교섭 또는 쟁의행위, 그 밖의 노동조합의 활동'이다. 여기서 '이 법에 따른'이란 단체교섭 또는 쟁의행위, 그 밖의 노동조합의 활동이 노동조합법이 규정하는 제반 규정을 준수했다는 의미로 봐야 할 것이며, 따라서 노동조합법의 관점에서 적법 適法 한 행위를 의미한다.

# 95

# 사용자의 불법행위에 대한 노동조합의 정당방위 차원에서 초래된 손배배상책임도 제한되는지
## (개정 노조법 제3조 제2항)

1. 2026.3.10.시행 개정노조법은 제3조 제2항은 "사용자의 불법행위에 대하여 노동조합 또는 근로자의 이익을 방위하기 위하여 부득이 사용자에게 손해를 가한 노동조합 또는 근로자는 배상할 책임이 없다"는 조항을 신설했다.

2. 민법 제761조 제1항 본문에는 "타인의 불법행위에 대하여 자기 또는 제삼자의 이익을 방위하기 위하여 부득이 타인에게 손해를 가한 자는 배상할 책임이 없다"고 규정하고 있는바, 제3조 제2항은 이러한 민법상 정당행위 조항을 집단적 노사관계의 국면에서 구체화한 특칙으로 볼 수 있다.

3. 다만, 정당방위 행위는 부득이한 행위여야 하므로, 사용자의 침해행위가 급박해 국가의 구제를 구할 여유가 없고, 이러한 침해를 막기 위해 가해행위를 하는 것 이외에는 적당한 방법이 없어야 한다. 따라서, 사용자의 불법행위를 쉽게 피할 수 있거나 제3자의 도움이나 국가

기관에 대한 구제 요구로 침해를 방위하는 것이 가능하다면 부득이한 행위라고 할 수 없다.

4. 정당방위는 방위해야 할 법익과 사용자에게 주어진 손해 사이에 사회 관념상 합리적인 균형 내지 사회 통념상 상당성이 있어야 하며, 방위 행위는 방위 목적을 성공적으로 수행하면서도 사용자에 대한 피해를 최소화하는 한도여야 한다.

**96**

# 불법파업 참여 조합원의 책임 비율을 개별적으로 산정하여야 하는 주체는 누구인지(개정 노조법 제3조 제3항)

1. 대법원 2023. 6. 15. 선고 2017다46274 판결은 "개별 조합원 등에 대한 책임 제한의 정도는 노동조합에서의 지위와 역할, 쟁의행위 참여 경위 및 정도, 손해 발생에 대한 기여 정도, 현실적인 임금 수준과 손해배상청구 금액 등을 종합적으로 고려하여 판단하여야 한다"고 하여, 이미 개별 조합원 등에 대한 책임 제한을 판시한 바 있다.

2. 2026.3.10.시행 개정노조법 제3조 제3항에서는 위 판례 법리를 반영하여, 법원이 단체교섭, 쟁의행위, 그 밖의 노동조합의 활동으로 인한 손해배상책임을 근로자에게 인정하는 경우, 법원은 손해의 배상의무자인 근로자에 대해 i)노동조합에서의 지위와 역할1호, ii)쟁의행위 등 참여 경위 및 정도2호, iii)손해 발생에 대한 관여의 정도3호, iv)임금 수준과 손해배상청구 금액4호, v)손해의 원인과 성격5호, vi)그 밖에 손해의 공평한 분담을 위해 고려할 필요가 있다고 인정되는 사항6호에 따라 책임 비율을 정해야 한다고 신설 규정하였다.

# 불법파업 참여 조합원의
# 배상액 감면 청구조건은
## (개정 노조법 제3조 제4항)

1. 2026.3.10.시행 개정노조법 제3조 제4항에, "제3조 제3항에 따른 배상 의무자인 노동조합과 근로자는 법원에 배상액의 감면을 청구할 수 있다. 이때 법원은 배상 의무자의 경제 상태, 부양의무 등 가족관계, 최저생계비 보장 및 존립 유지 등을 고려하여 각 배상 의무자별로 감면 여부 및 정도를 판단하여야 한다"고 규정한 바, 이는 민법 제765조의 배상액의 경감 청구권을 집단적 노사관계의 국면에서 구체화한 특칙으로 볼 수 있다.

2. 다만, 민법 제765조 제1항에는 "본장의 규정에 의한 배상 의무자는 그 손해가 고의 또는 중대한 과실에 의한 것이 아니고 그 배상으로 인하여 배상자의 생계에 중대한 영향을 미치게 될 경우에는 법원에 그 배상액의 경감을 청구할 수 있다"고 규정하고 있는 반면,

3. 2026.3.10.시행 개정노조법 제3조 제4항에서는, "제3항에 따른 배상 의무자인 노동조합과 근로자는 법원에 배상액의 감면을 청구할 수 있다"고 규정하고 있어, 노동조합 측의 고의 또는 중과실이 인정되는 경우에도 위 조항에 따라 배상액 감면을 청구할 수 있다.

# 불법파업 참여 조합원의
# 신원보증인에 대한 책임은
## (개정 노조법 제3조 제5항)

1. 2026.3.10.시행 개정노조법 제3조 제5항에서 "신원보증법 제6조에도 불구하고 신원보증인은 단체교섭, 쟁의행위, 그 밖의 노동조합의 활동으로 인하여 발생한 손해에 대해서는 배상할 책임이 없다"는 규정을 신설하여, 단체교섭, 쟁의행위, 그 밖의 노동조합의 활동으로 인해 발생한 손해에 대해서는 신원보증인의 배상책임을 제한하였다.

2. 본 조항은 불법 파업 참여 조합원의 손해배상책임이 개정노조법 제3조 제1항에 따라 면제되지 않을 경우에도 신원보증인의 배상책임은 부정된다고 규정한 것이다.

# 불법파업에 대해서도
# 사용자에게 남용 목적의
# 손해배상청구권 행사가 제한되는지
## (개정 노조법 제3조 제6항)

1. 2026.3.10.시행 개정노조법 제3조 제6항에서, "사용자는 노동조합의 존립을 위태롭게 하거나 운영을 방해할 목적 또는 조합원의 노동조합 활동을 방해하고 손해를 입히려는 목적으로 손해배상청구권을 행사하여서는 아니 된다"는 조항을 신설하였다. 본 조항은 불법파업에 참여한 노동조합 및 조합원에 대한 손해배상청구권이 유효하게 성립한 경우를 전제로 한다.

2. 한편, 손해배상청구권 행사를 제한하는 사유를 ⅰ)노동조합의 존립을 위태롭게 하거나 운영을 방해할 목적 또는 ⅱ)조합원의 노동조합 활동을 방해하고 손해를 입히려는 목적이라고 규정하고 있다는 점에서, 노동조합의 존립을 위태롭게 하거나 운영을 방해할 목적이 인정될 경우에는 노동조합에 대한 손해배상청구가 제한되며, 조합원의 노동조합 활동을 방해하고 손해를 입히려는 목적이 인정될 경우에는 조합원에 대한 손해배상청구가 제한된다

**100**

# 불법파업 노조에 대해 사용자가 책임을 묻지 않을 경우 배임죄 책임이 면제될 수 있는지

## (개정 노조법 제3조의2)

1. 2026.3.10.시행 개정노조법은, 노동조합 또는 근로자에 대한 손해배상책임을 면제할 경우 배임죄를 구성할 수 있다는 해석을 고려하여, 제3조의2에 "사용자는 단체교섭 또는 쟁의행위, 그 밖의 노동조합의 활동으로 인한 노동조합 또는 근로자의 손해배상 등 책임을 면제할 수 있다"는 조항을 신설했다.

2. 노동조합 또는 근로자에 대한 손해배상책임 등의 면제가 배임죄를 구성한다고 평가되더라도, 본 조항이 신설됨에 따라 노동조합 또는 근로자에 대한 손해배상책임 등의 면제는 형법 제20조의 정당행위로 위법성이 조각된다.

# 원·하청 상생 교섭절차 매뉴얼
## (고용노동부 2026. 2. 27.)

실무에 바로 적용하여야 하는 노란봉투법의 체계적 해설
노란봉투법 100문 100답

<table>
<tr><td>**1**</td><td>**목적**</td></tr>
</table>

□ 노동조합법 제2조 제2호에서 노동조합법 전반에 적용되는 사용자
의 정의에 대해 규정

  ○ 개정 노동조합법은 하도급 등 다층화된 고용구조에서 근로조건을 실
질적으로 지배·결정하는 주체와의 대화와 상생을 촉진하기 위해서
제2조 제2호 후단을 신설하여 노동조합법상 사용자의 범위를 확대

<개정 노동조합법 제2조제2호>

| 현 행 | 개 정 |
|---|---|
| **제2조(정의)** 이 법에서 사용하는 용어의 정의는 다음과 같다.<br>2. "사용자"라 함은 사업주, 사업의 경영담당자 또는 그 사업의 근로자에 관한 사항에 대하여 사업주를 위하여 행동하는 자를 말한다.<br><후단 신설> | **제2조(정의)** 이 법에서 사용하는 용어의 정의는 다음과 같다.<br>2. "사용자"라 함은 사업주, 사업의 경영담당자 또는 그 사업의 근로자에 관한 사항에 대하여 사업주를 위하여 행동하는 자를 말한다. 이 경우 근로계약체결 당사자가 아니더라도 근로자의 근로조건에 대하여 실질적이고 구체적으로 지배·결정할 수 있는 지위에 있는 자도 그 범위에 있어서는 사용자로 본다. |

  ○ 원·하청 관계 등에서 원청사용자 등이 하청노동자 등의 근로조건을
실질적·구체적으로 지배·결정할 수 있는 지위에 있는 경우,

    - 제2조제2호 후단에 따른 사용자에 해당하여 하청노동조합 등과의
관계에서 교섭 의무를 갖는 상대방이 됨

□ 원·하청 교섭은 하청노동조합의 교섭권을 실질적으로 보장하면서
대화를 통해 원·하청 상생과 협력의 노사관계 구축을 위한 것임

  ○ 이를 위해 하청노동조합 뿐만 아니라 원청사용자의 적극적 역할이 필
  요하며, 교섭창구단일화의 취지를 고려하여 하청노동조합의 교섭권
  을 실질적으로 보장할 수 있도록 절차 준수 필요

□ 이에 노동조합법 제2조제2호 후단에 따라 원청사용자가 노동조합
법상 사용자로 인정되어 하청노동조합과 원청사용자 간 단체교섭
을 하는 경우 교섭절차에 관한 구체적 사항을 안내하고자 함

## 2 원·하청 교섭 체계

### 1 교섭창구 단일화 적용 및 교섭단위

□ (원청사용자의 계약외사용자로서 지위) 노동조합법 개정으로 하청노동자와 근로계약관계를 맺은 계약사용자인 하청사용자 뿐만 아니라 하청노동자의 근로조건을 실질적·구체적으로 지배·결정하는 원청사용자도 그 범위 내에서 계약외사용자로서 법적 책임을 가짐

○ 원청사용자는 하청노동자와 직접 근로계약관계가 없음에도 하청 노동자의 근로조건을 일부 지배·결정함을 전제로 부분적 사용자로서 하청노동조합과 노동조합법상 단체교섭의무 등을 부담하게 됨

□ (원·하청 교섭단위) 원·하청 간 교섭당사자는 하청노동조합과 원청사용자이고, "계약외사용자인 원청사용자"는 "전체 하청노동자 집단"과 교섭단위를 구성함

○ 계약외사용자로서 원청사용자는 복수의 하청기업에 종사하는 전체 하청노동조합(원)에 대해 실질적 지배력이 미치는 범위 내에서 단체교섭 의무를 지게 됨

○ 하청노동조합(원)과 원청노동조합(원)은 교섭권의 범위 및 사용자의 책임 범위, 근로자의 특성, 이해관계, 근로조건 결정 방식 등에 있어서 본질적인 차이가 존재하며,

- 전체 하청노동조합(원)은 하청사용자를 달리하더라도 계약외사용자인 원청사용자를 공유한다는 이해관계의 공통성을 가지고 있으므로, 전체 하청노동자 집단이 동일한 교섭단위에 속함

□ (원·하청 교섭창구 단일화 절차) 노동조합법 제29조의2에 따른 교섭창구 단일화는 전반적으로 강행규정으로 해석되고, 노동조합법 개정에 의한 원청 사용자와 하청노동조조합 간 교섭 절차에도 적용

○ 이에 따라 교섭권자인 전체 하청노동조합은 교섭의무자로서 계약외 사용자인 원청사용자를 대상으로 교섭을 진행하기 위하여 전체 하청노동조합 간 교섭창구 단일화 절차를 진행하여야 함

- 이를 통해 전체 하청노동자 간 근로조건의 통일적 형성 및 하청노동조합 간 효율적·안정적 교섭체계를 구축할 수 있으며,

- 원청사용자에 대한 하청노동조합의 단체교섭권을 보장함으로써 하청노동자의 근로조건 향상 및 원·하청 간 상생과 협력의 노사관계를 구축하고자 하는 개정 노동조합법의 취지에도 부합

○ 원·하청 간 단체교섭을 위한 교섭창구단일화 절차에서 원청노동조합(원)과 교섭단위 분리 절차를 거칠 필요는 없으며,

* 하청노동조합(원)은 해당 교섭단위에서 교섭당사자가 아닌 원청노동조합(원)과 교섭 창구단일화 절차를 거칠 필요가 없고, 기존의 원청사용자와 원청(교대)노동조합 간 교섭단위는 종래와 같이 별도로 존재·운영됨

** 원청노동조합(원)은 계약사용자인 원청사용자에 대해 원청노동자의 근로조건을 교섭하는 교섭권자일뿐, 계약외사용자 지위에 있는 원청사용자와 하청노동자의 근로조건을 교섭하는 하청노동조합(원) 간 원·하청 교섭단위에서 교섭당사자에 해당하지 않음

- 교섭단위 분리는 전체 하청노동자 집단 내에서 개정 노동조합법 시행령의 취지에 따라 합리적으로 결정

○ 한편, 현행법상 개별교섭 요구는 교섭창구 단일화 설차 내에서 사용자의 동의를 얻도록 규정하고 있으므로,

- 특정 하청노동조합이 전체 하청노동자의 단위에서 원청사용자에 대해 교섭창구단일화를 거치지 않고 곧바로 개별교섭을 요구하는 경우, 원청사용자는 개별교섭에 응해야 할 의무는 없을 것임

## 2 원·하청 교섭절차 개관

□ 하청노동조합과 원청사용자 간 교섭에서 교섭단위는 '전체 하청노동자 집단'이며, 교섭요구권자는 전체 하청노동자 집단에서 조직 또는 가입된 전체 하청노동조합(원)이므로,

  ○ 해당 교섭단위에서 복수의 하청노동조합이 있는 경우에는 해당 하청노동조합(원) 간 교섭창구단일화 절차를 거쳐 교섭대표노동조합을 정하여 원청사용자와 교섭을 진행

  ○ 원청노동조합(원)은 해당 교섭단위 내에 있는 교섭당사자가 아니므로, 하청노동조합(원)과 원청사용자 간 교섭에 있어 전체 하청노동조합(원)과 원청노동조합(원) 간 교섭단위 분리 절차는 거칠 필요가 없음

□ 하청노동조합(원)이 원청사용자에 교섭요구를 하면, 원청사용자는 교섭요구 사실을 전체 하청노동자 및 하청노동조합이 알 수 있도록 공고하고,

  ○ 교섭요구 사실 공고 기간 중 전체 하청노동자 집단에 존재하는 다른 하청노동조합은 원청사용자에 교섭요구를 함으로써 해당 교섭창구 단일화 절차에 참여할 수 있음

  ○ 이러한 절차를 통해 전체 하청노동조합 중에서 원청사용자에 대한 교섭요구 노동조합을 확정하고, 해당 하청노동조합 사이에서 교섭대표 노동조합을 결정하는 절차를 거친 뒤 원청사용자와 교섭

□ 한편, 원·하청 교섭에서 '전체 하청노동조합(원)'의 단위에 있어 하청
노동조합 또는 원청사용자는 교섭단위 분리 신청을 할 수 있으며,

ㅇ 이 경우 노동위원회는 영 제14조의11제3항 및 제4항에서 규정된 사
항들을 고려하여 교섭단위 분리 여부를 결정할 수 있음

ㅇ 노동위원회가 교섭단위 분리 결정을 하면, 분리된 교섭단위 내에 존
재하는 하청노동조합은 해당 교섭단위 내에서 원청사용자에 대한 관
계에서 교섭창구단일화 절차를 거쳐 교섭하여야 함

〈원·하청 교섭절차 개관〉

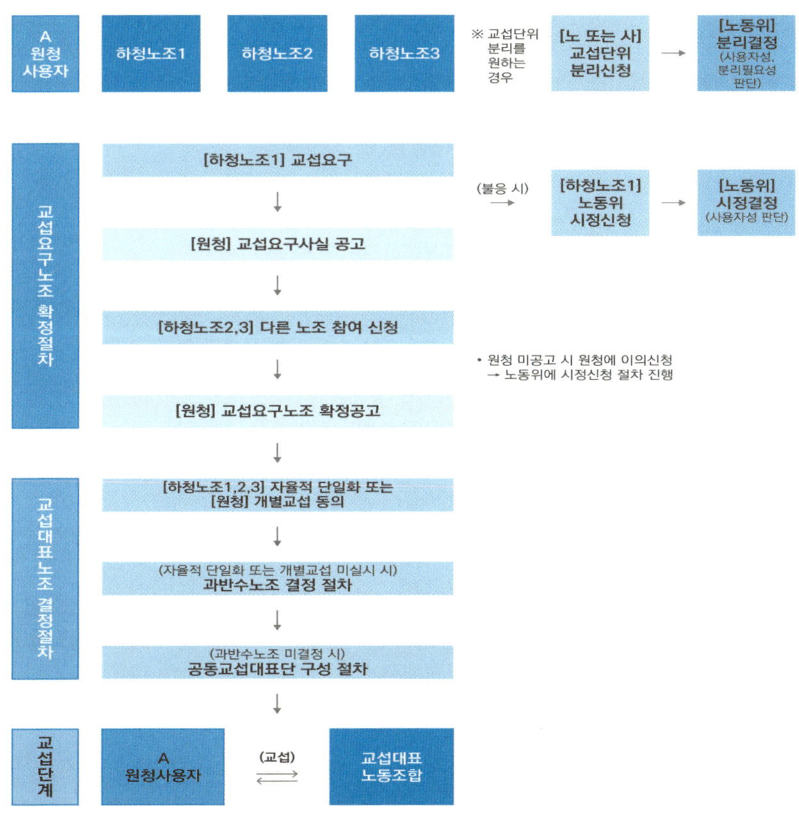

## 3 교섭절차 세부 내용

### 1 교섭창구단일화 절차

<현행법상 교섭창구단일화 절차>

| ❶ 교섭요구 노동조합 확정절차 | ❷ 교섭대표노동조합 결정절차 |
|---|---|
| ① (勞)교섭요구 → ② (使)교섭요구 사실 공고 → ③ (勞)다른 노조의 교섭참여 → ④ (使)교섭요구노조 확정 공고 | ⑤ 교섭요구노조 간 자율적 교대노조 결정(또는 사측 개별교섭 동의) → ⑥ 과반수노조 결정 → ⑦ 공동교섭대표단 구성 |

❖ 본 매뉴얼에서는 원·하청 교섭에서 교섭창구 단일화 절차에 관하여 기존 절차와 비교 시 차이가 있는 부분을 위주로 기술, 그 외의 부분에 대해서는 기존의 「집단적 노사관계 업무매뉴얼」을 참고 가능

## (1) 하청노동조합의 교섭요구

<노동조합법 시행령 관련 규정>

**제14조의2(노동조합의 교섭 요구 시기 및 방법)** ① 노동조합은 해당 사업 또는 사업장에 단체협약이 있는 경우에는 법 제29조제1항 또는 제29조의2제1항에 따라 그 유효기간 만료일 이전 3개월이 되는 날부터 사용자에게 교섭을 요구할 수 있다. 다만, 단체협약이 2개 이상 있는 경우에는 먼저 이르는 단체협약의 유효기간 만료일 이전 3개월이 되는 날부터 사용자에게 교섭을 요구할 수 있다.
② 노동조합은 제1항에 따라 사용자에게 교섭을 요구하는 때에는 노동조합의 명칭, 그 교섭을 요구한 날 현재의 종사근로자인 조합원 수 등 고용노동부령으로 정하는 사항을 적은 서면으로 해야 한다.

○ 하청노동조합은 원청사용자가 소속 조합원의 근로조건에 대해 실질적·구체적으로 지배·결정하는 지위에 있어 원청사용자와 단체교섭

을 하고자 하는 경우, 원청사용자를 상대로 교섭요구

- 다만 해당 교섭단위에서 원청사용자와 하청노동조합 간 체결한 기존 단체협약이 존재하는 경우에는 해당 단체협약의 유효기간 만료일 이전 3개월이 되는 날부터 교섭요구가 가능하며,

  * '26.3.10. 법 시행 이후 최초로 하청노동조합이 원청사용자에 교섭을 요구하고자 하는 경우에는 기존의 단체협약이 존재하지 않으므로 법 시행 후 즉시 교섭요구 가능

- 해당 교섭단위에서 기존 하청 교섭대표노동조합이 존재하는 경우에는 그 지위유지기간이 만료되는 경우에 교섭요구 가능

## (2) 원청사용자의 교섭요구 사실의 공고

### ① 원칙

**〈노동조합법 시행령 관련 규정〉**

**제14조의3(노동조합 교섭요구 사실의 공고)** ① 사용자는 노동조합으로부터 제14조의2에 따라 교섭 요구를 받은 때에는 그 요구를 받은 날부터 7일간 그 교섭을 요구한 노동조합의 명칭 등 고용노동부령으로 정하는 사항을 해당 사업 또는 사업장의 게시판 등에 공고하여 다른 노동조합과 근로자가 알 수 있도록 하여야 한다.
② 노동조합은 사용자가 제1항에 따른 교섭요구 사실의 공고를 하지 아니하거나 다르게 공고하는 경우에는 고용노동부령으로 정하는 바에 따라 노동위원회에 시정을 요청할 수 있다.

○ 원청사용자는 하청노동조합으로부터 영 제14조의2에 따른 교섭요구를 받은 때에는 요구받은 날부터 7일간 교섭요구 사실을 해당 사업(장)의 게시판 등에 공고하여 다른 노동조합과 노동자가 알 수 있도록 하여야 함

② **공고 범위**

○ 교섭요구 사실을 공고하는 취지는, "해당 교섭단위 내"에 있는 다른 노동조합과 노동자가 알 수 있도록 함으로써 교섭창구 단일화 절차에 참여할 수 있도록 하는 것이므로,

- 원청사용자는 사용자성이 인정되거나 인정될 가능성이 있는 모든 하청노동조합, 하청노동자가 알 수 있도록 교섭요구 사실을 공고해야 함

  * 전체 하청노동자 집단에서 특정 직무에 종사하는 하청노동자 집단 등으로 교섭단위가 분리된 경우에는 분리된 해당 교섭단위 내에서 사용자성이 인정되거나 인정될 가능성이 있는 모든 하청노동조합, 하청노동자가 알 수 있도록 하여야 함

③ **공고 방법**

<관련 판례>

○ 본사뿐만 아니라, 전국에 8개 지역본부, 각 지역본부 산하에 82개 지사가 있고, 지역본부 및 그 산하지사에 본부 소속 근로자 약 430명의 약 6배에 이르는 약 2,600명의 근로자가 근무하고 있는 사업(장)의 경우
- 교섭요구 사실을 본사 승강기 앞 벽면과 본사로비 벽면에 공고한 것만으로는 지역본부 및 지사에 근무하는 대다수 근로자가 알 수 없었을 것이어서 '다른 노동조합과 근로자가 알 수 있도록' 공고한 것으로 볼 수 없음(서울고등법원 2018. 7. 20 선고2018누39531 판결. 대법원 심리불속행 기각)

○ 원청사용자는 하청노동자들이 사용하는 게시판뿐만 아니라 각 하청노동자들이 작업하는 공간의 벽면이나 기둥, 휴게장소, 출입구, 식당 등 하청노동자들이 머무는 장소 여러 곳에 충분히 공고할 필요

- 아울러, 원청사용자의 전산시스템에 하청노동자들이 접속하는 경우에는 전산시스템에도 공고하고, 하청에도 협조를 구하여 하청 사용자의 사업(장) 게시판, 하청 전산시스템에도 공고

  * 하나의 사업장이 지역으로 나누어져 있는 경우에도 해당 지역별 사업장을 누락하지 않도록 모두 다 공고해야 함

○ 원청사용자는 기본적으로 모든 사내하청 노동조합(하청노동자)이 알 수 있도록 공고하고, 사외하청의 경우에도 「개정 노동조합법 해석지침」에 따라 사용자성이 인정될 소지가 있으면 사내하청에 준하는 방식으로 폭넓게 공고할 필요

- 원청사용자가 사용자성 인정 가능성을 스스로 판단하기 어려운 경우에는 고용노동부 내 「단체교섭 판단지원 위원회*」의 지원을 받아 판단하는 것도 가능

○ 하청노동조합의 교섭요구에 대해 원청사용자가 공고하지 않는 경우, 노동위원회가 교섭요구 사실 공고 시정신청 절차를 통해 사용자성 및 공고의무 여부를 판단한 후 원청사용자에 공고를 명할 수 있는데,

- 노동위원회가 공고를 명했음에도 원청사용자가 정당한 이유 없이 공고하지 않는 경우에는 시정신청한 노동조합과의 관계에서 부당노동행위로 사법처리 등도 검토

□ 원청사용자가 시행령 제14조의3제1항에 반하여, 교섭요구를 한 노
동조합 외에 다른 하청노동조합과 근로자가 교섭요구 사실을 알 수
없도록 공고하여 교섭창구단일화 절차에 참여하지 못한 경우,

　○ 해당 하청노동조합은 노동위원회에 "교섭요구 사실 공고 시정 신청"
을 할 수 있고, 노동위원회는 원청의 사용자성 및 공고의무 미이행 여
부를 판단하여 시정명령

　　→ 노동위원회의 시정명령이 있는 경우, 원청사용자는 교섭창구단일
화 절차를 다시 진행해야 함

□ 이에 따라 교섭비용 증가, 교섭에 참여한 다른 노동조합의 교섭지연
등 원청사용자의 부담도 상당하므로

　○ 원청사용자는 당초에 교섭요구 사실 공고를 할 때 하청노동조합 및
하청노동자가 충분히 알 수 있도록 공고할 필요가 있음

## (3) 다른 하청노동조합의 교섭 참여

### 〈노동조합법 시행령 관련 규정〉

**제14조의4(다른 노동조합의 교섭 요구 시기 및 방법)** 제14조의2에 따라 사용자에게 교섭을 요구한 노동조합이 있는 경우에 사용자와 교섭하려는 다른 노동조합은 제14조의3제1항에 따른 공고기간 내에 제14조의2제2항에 따른 사항을 적은 서면으로 사용자에게 교섭을 요구하여야 한다.

○ 어느 하청노동조합의 교섭요구에 따라 원청사용자가 교섭요구 사실을 공고한 경우,

- 그 원청사용자와 교섭하려는 다른 하청노동조합은 해당 교섭요구 사실 공고기간 내에 원청사용자에 대하여 교섭을 요구함으로써 교섭에 참여할 수 있으며,

- 이 경우에도 원청사용자가 해당 하청노동조합 소속 조합원의 근로조건에 대해 실질적·구체적으로 지배·결정하는 지위에 있어 제2조 제2호 후단에 따른 사용자로서 교섭상대방으로 인정되어야 함

## (4) 원청사용자의 교섭요구 노동조합 확정 공고

### 〈노동조합법 시행령 관련 규정〉

**제14조의5(교섭 요구 노동조합의 확정)** ① 사용자는 제14조의3제1항에 따른 공고기간이 끝난 다음 날에 제14조의2 및 제14조의4에 따라 교섭을 요구한 노동조합을 확정하여 통지하고, 그 교섭을 요구한 노동조합의 명칭, 그 교섭을 요구한 날 현재의 종사 근로자인 조합원 수 등 고용노동부령으로 정하는 사항을 5일간 공고해야 한다.
② 제14조의2 및 제14조의4에 따라 교섭을 요구한 노동조합은 제1항에 따른 노동조합의 공고 내용이 자신이 제출한 내용과 다르게 공고되거나 공고되지 아니한 것으로 판단되는 경우에는 제1항에 따른 공고기간 중에 사용자

에게 이의를 신청할 수 있다.

③ 사용자는 제2항에 따른 이의 신청의 내용이 타당하다고 인정되는 경우 신청한 내용대로 제1항에 따른 공고기간이 끝난 날부터 5일간 공고하고 그 이의를 제기한 노동조합에 통지하여야 한다.

④ 사용자가 제2항에 따른 이의 신청에 대하여 다음 각 호의 구분에 따른 조치를 한 경우에는 해당 노동조합은 해당 호에서 정한 날부터 5일 이내에 고용노동부령으로 정하는 바에 따라 노동위원회에 시정을 요청할 수 있다.

1. 사용자가 제3항에 따른 공고를 하지 아니한 경우: 제1항에 따른 공고기간이 끝난 다음날

2. 사용자가 해당 노동조합이 신청한 내용과 다르게 제3항에 따른 공고를 한 경우: 제3항에 따른 공고기간이 끝난 날

○ 원청사용자는 교섭요구 사실의 공고기간이 끝난 다음 날에 최초 교섭을 요구한 하청노동조합 및 교섭에 참여한 하청노동조합에 교섭요구 노동조합을 확정하여 통지하고, 5일간 교섭요구 노동조합 확정 공고를 하여야 함

- 공고의 범위, 방법 등에 대해서는 교섭요구 사실 공고와 동일함

○ 교섭요구 노동조합은 원청사용자의 확정 공고 내용이 자신이 제출한 내용과 다르게 공고되거나, 공고되지 않은 것으로 판단되는 경우,

- 먼저 원청사용자에게 이의를 신청할 수 있고, 원청사용자는 이의신청 내용이 타당하다고 인정되는 경우에는 수정공고 및 통지

- 하청노동조합의 이의신청에도 원청사용자가 이에 따른 조치를 취하지 않은 경우에는 하청노동조합은 노동위원회에 시정신청 가능

○ 원청사용자는 교섭요구 노동조합 확정 공고 절차까지 진행한 결과, 해당 교섭단위 내에 최초로 교섭요구한 하청노동조합 외에 다른 하청노동조합은 없는 것으로 밝혀진 경우,

- 이후의 교섭창구단일화 절차(자율적 교섭대표노동조합 결정 또는
  개별 교섭 동의 → 과반수노동조합 결정 → 공동교섭대표단 구성)
  는 진행하지 않고 곧바로 교섭 가능

- 다만 해당 하청노동조합은 교섭대표노동조합의 지위는 취득하지
  못하므로 단체협약 체결 후 그 단체협약 만료일 이전 3개월이 되는
  날부터 다시 교섭요구를 통해 교섭창구단일화 절차를 진행할 필요

- 해당 하청노동조합이 교섭 중 새로운 하청노동조합이 신설된 경우
  등에 대해서는 기존의 「단수노조의 교섭대표노조 지위 변경 지침」
  (노사관계법제과-1095, 2020.4.20.)에 따라 판단

**〈원청사용자의 미공고 등에 대한 하청노동조합의 구제 수단〉**

○ 최초 교섭요구를 했음에도 교섭요구 사실을 공고하지 않은 경우 : 노동위원
  회에 교섭 요구 사실 공고 시정신청

○ 교섭요구 사실 공고 기간 중에 참여신청을 했음에도 교섭요구 노동조합 확
  정 공고에서 제외한 경우 : 원청사용자에 이의신청 → 노동위원회에 교섭요
  구 노동조합 확정 공고 시정신청

○ 교섭요구 사실 공고를 다른 하청노동조합이 알 수 없도록 좁은 범위에서만
  공고함에 따라, 하청노동조합이 공고 사실을 몰라 참여신청을 하지 못한 경
  우 : 노동위원회에 교섭요구 사실 공고 시정신청

## (5) 자율적 교섭대표노동조합 결정 또는 개별교섭 동의

**〈노동조합법 및 시행령 관련 규정〉**

**노동조합법 제29조의2(교섭창구 단일화 절차)** ① 하나의 사업 또는 사업장에
서 조직형태에 관계없이 근로자가 설립하거나 가입한 노동조합이 2개 이상
인 경우 노동조합은 교섭대표노동조합(2개 이상의 노동조합 조합원을 구성
원으로 하는 교섭대표기구를 포함한다. 이하 같다)을 정하여 교섭을 요구하

여야 한다. 다만, 제3항에 따라 교섭대표노동조합을 자율적으로 결정하는 기한 내에 사용자가 이 조에서 정하는 교섭창구 단일화 절차를 거치지 아니하기로 동의한 경우에는 그러하지 아니하다.

**노동조합법 시행령 제14조의6(자율적 교섭대표노동조합의 결정 등)** ① 제14조의5에 따라 교섭을 요구한 노동조합으로 확정 또는 결정된 노동조합은 법 제29조의2제3항에 따라 자율적으로 교섭대표노동조합을 정하려는 경우에는 제14조의5에 따라 확정 또는 결정된 날부터 14일이 되는 날을 기한으로 하여 그 교섭대표노동조합의 대표자, 교섭 위원 등을 연명으로 서명 또는 날인하여 사용자에게 통지해야 한다.

○ 교섭요구 노동조합으로 확정된 하청노동조합 간에 교섭요구 노동조합 확정(결정)일로부터 14일 이내에 자율적으로 교섭대표노동조합을 결정하거나, 원청사용자와 개별교섭 협의 가능

- 이해관계가 유사한 하청노동조합 간 협의를 통해 최대한 자율적으로 공동교섭단을 구성하는 것이 바람직하며,

- 그 과정에서 지방고용노동관서의 교섭컨설팅이나 지도 등 조력을 받아 공동교섭단을 구성하는 방안도 적극 고려 가능

## (6) 과반수 노동조합 결정 등

○ 자율적 교섭대표노동조합 결정 기간 내에 하청노동조합 간 자율적으로 교섭대표노동조합을 결정하지 못하고, 원청사용자의 개별교섭 동의도 없는 경우, 과반수 노동조합이 교섭대표노동조합으로 결정됨

- 과반수 노동조합은 교섭창구단일화 절차에 참여한 노동조합의 전체 종사근로자인 조합원 과반수로 조직된 노동조합을 의미하며,

- 2개 이상의 노동조합이 위임 또는 연합하여 과반수가 되는 경우에도 과반수 노동조합으로 인정됨

○ 따라서 자율적 교섭대표노동조합 결정 기간 내에 하청노동조합 간 자율적으로 공동교섭단을 구성하지 못하였다고 하더라도, 가능한 다수의 하청노동조합들이 위임·연합을 함으로써 연대하여 교섭함이 바람직하고, 그 과정에서 위임·연합에서 제외된 소수노조의 이해관계도 반영될 수 있도록 함이 바람직

  - 이 경우에도 지방고용노동관서의 교섭컨설팅이나 지도 등을 통해 적극 지원할 필요

○ 과반수 노동조합 결정 절차를 통하여 교섭대표노동조합이 결정되지 못한 경우에는 이후 공동교섭대표단 구성절차를 진행

## 2 교섭단위 분리 절차

### (1) 개요

〈노동조합법 관련 규정〉

**제29조의3(교섭단위 결정)** ① 제29조의2에 따라 교섭대표노동조합을 결정하여야 하는 단위(이하 "교섭단위"라 한다)는 하나의 사업 또는 사업장으로 한다. ② 제1항에도 불구하고 하나의 사업 또는 사업장에서 현격한 근로조건의 차이, 고용형태, 교섭 관행 등을 고려하여 교섭단위를 분리하거나 분리된 교섭단위를 통합할 필요가 있다고 인정되는 경우에 노동위원회는 노동관계 당사자의 양쪽 또는 어느 한쪽의 신청을 받아 교섭단위를 분리하거나 분리된 교섭단위를 통합하는 결정을 할 수 있다.
③ 제2항에 따른 노동위원회의 결정에 대한 불복절차 및 효력은 제69조와 제70조 제2항을 준용한다.
④ 교섭단위를 분리하거나 분리된 교섭단위를 통합하기 위한 신청 및 노동위원회의 결정기준·절차 등에 관하여 필요한 사항은 대통령령으로 정한다.

□ 교섭단위는 원칙적으로 '하나의 사업 또는 사업장'으로 하나,

○ 현격한 근로조건의 차이, 고용형태, 교섭 관행 등을 고려하여 교섭 단
위를 분리할 필요가 있다고 인정되는 경우 노동관계 당사자 양쪽 또
는 어느 한쪽의 신청을 받아 노동위원회가 교섭단위 분리결정 가능

※ 법 제29조의3제4항에서 교섭단위 분리의 결정기준은 대통령령으로 정하도
록 위임하고 있음

- 따라서 법 제2조제2호 후단에 따른 사용자와의 교섭에서, 전체 하
청노동자의 교섭단위를 직무, 이해관계 등이 유사한 하청 노동자의
집단끼리 분리하는 것도 가능

□ 다만 교섭단위 분리의 신청 및 적용대상이 되는 노동조합은 교섭요
구권이 있는 노동조합을 기준으로 판단하므로

○ 원청사용자가 하청노동자의 사용자임이 확인되지 않는 경우 해당 하
청노동자가 소속된 하청노동조합은 원청사용자에 대해 교섭을 요구
할 수 있는 노동조합이라고 볼 수 없어 교섭단위 분리 신청을 하더라
도 신청인 적격 미충족 등의 사유로 인정될 수 없을 것임

## (2) 교섭단위 분리 신청

### ① 신청인

<노동조합법 및 시행령 관련 규정>

**법 제29조의3(교섭단위 결정)** ② 제1항에도 불구하고 하나의 사업 또는 사업
장에서 현격한 근로조건의 차이, 고용형태, 교섭 관행 등을 고려하여 교섭단
위를 분리하거나 분리된 교섭단위를 통합할 필요가 있다고 인정되는 경우에
노동위원회는 노동관계 당사자의 양쪽 또는 어느 한쪽의 신청을 받아 교섭
단위를 분리하거나 분리된 교섭단위를 통합하는 결정을 할 수 있다.

**시행령 제14조의11(교섭단위 결정)** ① <u>노동조합 또는 사용자</u>는 법 제29조의 3제2항에 따라 교섭단위를 분리하거나 분리된 교섭단위를 통합하여 교섭하려는 경우에는 다음 각 호에 해당하는 기간에 노동위원회에 교섭단위를 분리하거나 분리된 교섭단위를 통합하는 결정을 신청할 수 있다.

○ 법 및 시행령상 교섭단위 분리의 신청인은 "노동관계 당사자", 즉, 노동조합과 사용자로 규정

- 이는 노동조합법상 노동조합과 사용자의 관계에 있어 해당 교섭 단위에서 서로 교섭 상대방이 될 수 있는 당사자를 의미

○ 원청사용자가 제2조제2호 후단의 사용자에 해당하는 경우, 원청 사용자와의 교섭에서의 구체적인 노동관계 당사자는 아래와 같음

① 하청노동조합: 원청사용자가 제2조제2호 후단의 사용자에 해당하는 하청노동자 집단에서 조직된 모든 단위 노동조합

② 원청사용자: 제2조제2호 후단에 따른 사용자

## ② 신청 가능 기간

〈노동조합법 시행령 관련 규정〉

**제14조의11(교섭단위 결정)** ① 노동조합 또는 사용자는 법 제29조의3제2항에 따라 교섭단위를 분리하거나 분리된 교섭단위를 통합하여 교섭하려는 경우에는 다음 각 호에 해당하는 기간에 노동위원회에 교섭단위를 분리하거나 분리된 교섭단위를 통합하는 결정을 신청할 수 있다.
1. 제14조의3에 따라 사용자가 <u>교섭요구 사실을 공고하기</u> 전
2. 제14조의3에 따라 사용자가 교섭요구 사실을 공고한 경우에는 법 제29조의2에 따른 <u>교섭대표노동조합이 결정된 날 이후</u>

○ 시행령 제14조의11제1항에 따라 '사용자가 교섭요구사실을 공고한

때'부터 '교섭대표노동조합 결정 시'까지 사이(즉, 교섭창구 단일화 절차가 진행 중인 경우)에는 교섭단위 분리 신청 불가

- 제2조제2호 후단에 따른 사용자의 교섭단위를 분리하는 신청을 하는 경우에도 위 규정이 적용됨이 원칙

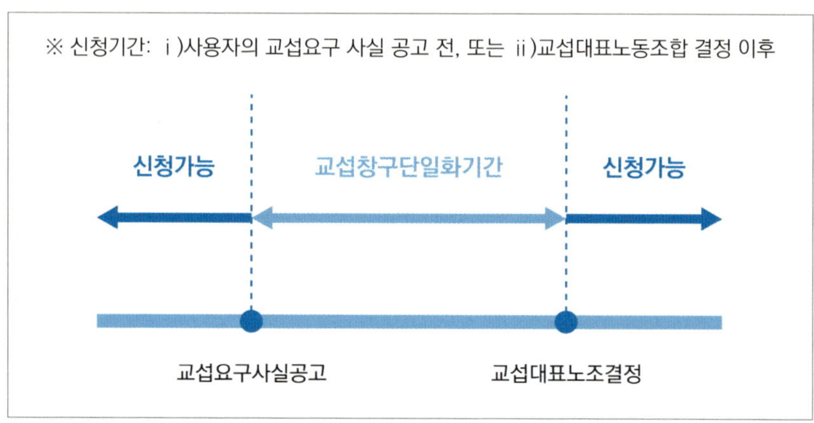


○ 교섭단위 분리 신청이 가능한 기간이 아님에도 교섭단위 분리 신청을 한 경우에는 노동위원회규칙 제134조제4호에 따라 각하

* 노동위원회규칙 제134조(각하) 심판위원회는 교섭창구 단일화 절차 등의 신청사건이 다음 각 호 중 어느 하나에 해당하는 경우에는 각하한다.
4. 신청시기를 벗어난 기간에 교섭단위 분리·통합 결정을 신청한 경우

### ③ 신청 절차

**〈노동조합법 시행규칙 관련 규정〉**

**제10조의8(교섭단위 결정 신청)** ① 법 제29조의3제2항 및 영 제14조의11 제1항에 따라 교섭단위를 분리하거나 분리된 교섭단위를 통합하는 결정을 신청하려는 노동조합 또는 사용자는 별지 제7호의7서식의 교섭단위 결정

신청서에 현격한 근로조건의 차이, 고용 형태, 교섭 관행 등 교섭단위를 분리하거나 분리된 교섭단위를 통합할 필요가 있다는 사실을 증명할 수 있는 자료를 첨부하여 관할 노동위원회에 제출해야 한다.

○ (신청서) 원청사용자 관할 지방노동위원회에 시행규칙 별지 제7호의 7서식에 따라 신청서 제출

- (신청취지 및 이유) <u>원청의 사용자성</u>이 인정되는 근로조건*, 희망하는 분리 형태, 분리 이유 및 필요성 등에 대해 상세히 기재

  * 특히 원청의 사용자성 여부는 신청인 적격, 신청이유를 판단함에 있어서 중요한 쟁점이므로 분리신청 시 하청노동자의 어느 근로조건에 대해서 원청사용자가 실질적·구체적 지배·결정하는지를 구체적으로 특정**하여 기재할 필요

  ** 실질적 지배력이 있는 근로조건을 특정하지 않은 때에는 신청이유가 명확하지 않은 경우에 해당하므로 노동위원회규칙 제138조 및 제41조에 따라 보정요구

- (노동조합 특정) 신청서 서식에 해당 교섭단위 내에 있는 모든 하청노동조합의 수를 기재하면서,

  • 해당 노동조합들의 명칭 특정이 가능한 경우에는 별지에 노동조합 명칭, 소재지, 연락처 등의 정보를 최대한 기재할 필요

    * 다른 노동조합에 대한 통지 및 의견 제출이 제대로 이루어져 원·하청 교섭이 원활히 이루어질 수 있도록 신청인도 최대한 상세히 기재하는 등 협조 필요

○ (첨부서류) 교섭단위 분리 필요성이 있다는 점을 증명할 수 있는 자료를 신청서에 첨부하여 제출

- 원·하청 교섭에서 하청노동자에 관하여 교섭단위를 분리하기 위해

서는 먼저 해당 하청노동자와의 관계에서 원청의 사용자성이 인정되어야 하므로, 원청의 사용자성에 관한 자료가 있는 경우에는 해당 자료도 제출

- 이때 노동위원회는 원청사용자 등에 대한 직권조사를 통하여 관련 자료 확보

### 〈노동위원회의 직권조사 근거〉

○ 노동위원회는 노동조합법에 따른 판정, 결정 등의 업무와 관련하여, 사실관계를 확인하는 등 사무집행을 위하여 필요하다고 인정되는 경우, 근로자, 노동조합, 사용자 등에 대하여 필요한 서류 등의 제출 요구 등을 할 수 있으며(노동위원회법 제23조),
 - 위와 같은 노동위원회의 서류제출 요구 등에 응하지 않거나, 거짓의 서류 등을 제출하는 등의 경우에는 500만원 이하의 벌금에 처함(노동위원회법 제31조)
   → 노동위원회는 위 규정을 근거로, 사용자성 관련 자료의 제출 요구, 분리 신청 사실을 통지해야 하는 대상인 다른 당사자 파악을 위한 조사 등 직권조사 가능


## (3) 교섭단위 분리 신청 내용의 통지 및 의견 제출

### ① 신청내용 통지

### 〈노동조합법 시행령 관련 규정〉

**제14조의11(교섭단위 결정)** ② 제1항에 따른 신청을 받은 노동위원회는 해당 사업 또는 사업장의 모든 노동조합과 사용자에게 그 내용을 통지해야 하며, 그 노동조합과 사용자는 노동위원회가 지정하는 기간까지 의견을 제출할 수 있다.

□ 노동위원회는 교섭단위 분리 신청서를 접수받으면, 해당 교섭단위
내의 다른 모든 노동관계 당사자(원청사용자, 하청노동조합)에게
신청 사실을 통지

□ 노동위원회는 일차적으로 신청인이 신청서에 기재한 내용을 토대
로 다른 당사자들을 파악

  ○ 다만 하청노동조합의 경우, 다른 하청노동조합의 존재를 알지 못할
    가능성이 있는 등 신청서에 기재되지 않은 노동조합이 존재할 여지가
    있으므로, 신청서를 통한 파악 외에도 아래의 직권조사 방법들을 적
    절히 병행하여 다른 당사자를 파악할 필요

    - 원청사용자에 대한 전화복명, 자료제출요구, 현장방문 및 관계자
      문답 등 다양한 방법을 통해 하청사용자 및 하청노동조합에 대해
      파악

    - 원청사용자 등을 통해 파악한 하청사용자에 대해서도 전화복명, 자
      료제출요구 등을 통해 하청노동조합 파악

    - 그 외에 신청서에 기재된 다른 당사자에 대한 전화복명, 자료제출
      요구 등을 통해 신청서에 미처 기재되지 않은 또 다른 당사자 파악

    - 하청사용자의 협조를 얻어 하청사용자의 전산시스템 등에 교섭단
      위 분리신청 사실을 알리면서, 하청노동조합으로 하여금 노동위원
      회에 연락하도록 공지(노동위원회는 연락을 받으면 구체적 신청내
      용을 해당 하청노동조합에게 통지)

## ② 다른 당사자의 의견 제출

  ○ 노동위원회로부터 교섭단위 분리 신청 사실을 통지받은 다른 당사자

(신청인 외에 하청노동조합, 원청사용자)는 교섭단위 분리에 대한 의
견을 제출할 수 있음

- 제출하는 의견의 내용은 원청의 사용자성에 대한 의견, 분리 필요
  성에 대한 의견 등 교섭단위 분리를 둘러싼 제반 쟁점들이 가능

## (4) 노동위원회 심리

### ① 사용자성 판단

○ 교섭단위 분리 절차에서 노동위원회는 하청노동조합이 원청사용자
  의 실질적 지배력이 미친다고 주장하는 특정 근로조건에 대해 사용자
  성 인정 여부를 판단

- 이를 위해 신청인이 제출한 의견 및 자료뿐만 아니라, 다른 당사자
  가 제출한 의견 및 자료, 노동위원회가 원청사용자 등에 대한 직권
  조사를 통해 확보한 자료 등을 종합적으로 고려하여 판단

  ※ 개정 노동조합법 제2조 및 고용노동부의 「개정 노동조합법 해석지침」등에
    따라 판단

### ② 교섭단위 분리 필요성 판단

<노동조합법 시행령 관련 규정>

**제14조의11(교섭단위 결정)** ③ 노동위원회는 제1항에 따른 신청을 받은 경우
법 제29조의3제2항에 따라 다음 각 호의 사항을 고려하여 교섭단위의 분리
또는 분리된 교섭 단위의 통합 여부를 결정해야 한다.
1. 업무의 성질·내용, 작업환경, 책임비중, 임금체계·구성항목·지급방법,
   근무시간, 휴일·휴가, 복리후생, 보수·복무규정 등을 고려한 현격한 근
   로조건의 차이
2. 계약의 형태·방식, 직종, 채용방법, 정년, 인사교류 여부 등을 고려한 고
   용형태

3. 노동조합의 가입 대상 및 조합원 자격, 노동조합에 가입된 근로자 범위, 기존의 단체교섭 등 노사 간 협의 여부 및 그 방식, 단체교섭 대상의 적용 범위 등을 고려한 교섭 관행
4. 그 밖에 제1호부터 제3호까지의 규정에 준하는 사항으로서 노동위원회가 교섭단위의 분리 또는 통합 여부를 결정하기 위하여 필요하다고 인정하는 사항
④ 제1항에 따른 신청을 받은 노동위원회가 법 제2조 제2호 후단에 따른 사용자에 대한 교섭에서 같은 후단의 적용을 받는 근로자에 관하여 법 제29조의3제2항에 따라 교섭단위의 분리 또는 분리된 교섭단위의 통합 여부를 결정하는 경우에는 노동조합 간 이해관계의 공통성 또는 유사성, 다른 노동조합에 의한 이익 대표의 적절성, 교섭단위 유지 시 노동조합간 갈등 유발 가능성 및 노사관계 왜곡 가능성 등을 제3항 각 호의 사항보다 우선적으로 고려하여 그에 관한 결정을 해야 한다.

○ (영 제14조의11제3항) 일반적인 교섭단위 분리 시 고려요소에 관하여 기본원칙을 규정

- 법에 규정된 "현격한 근로조건의 차이, 고용형태, 교섭 관행 등"을 판단함에 있어서 각 항목별로 고려하여야 하는 세부요소들을 규정한 것으로, 해당하는 요소들을 종합적으로 고려하여 분리 필요성 여부를 판단

- ❶ 우선, 각각의 항목별로 세부 요소들을 종합적으로 고려하여 각각의 항목이 충족되는지 여부를 판단하고,

  * (예) 업무의 성질·내용, 작업환경, 책임비중 등 제1호에 규정된 세부요소들을 종합적으로 고려하여 현격한 근로조건의 차이가 있는지 여부를 판단

- ❷ 각각의 항목별로 충족 여부를 판단한 이후, 인정되는 항목, 부정되는 항목을 종합적으로 고려하여 분리 필요성이 있는지 여부를 판단

- 특히 기존에 교섭단위 분리 제도가 적용되어 왔던 직접적인 계약관

계에 있는 사용자와의 관계에서는, 개정법 및 시행령이 시행되더라도 교섭단위 분리 기준이 종전과 변함이 없다는 점을 유의할 필요

○ (영 제14조의11제4항) 법 제2조제2호 후단에 따른 사용자와의 교섭에서, 하청노동자에 관하여 교섭단위를 분리하는 경우에 예외적으로 적용되는 고려사항을 규정

- 교섭단위 필요성 여부에 대한 판단을 할 때에는 교섭단위 분리의 일반원칙인 제3항도 적용되는 것이므로 제3항에 규정된 사항들도 함께 고려하되, 제4항에 규정된 노동조합 간 이해관계의 공통성 또는 유사성, 다른 노동조합에 의한 이익 대표의 적절성, 교섭 단위 유지 시 노동조합 간 갈등 유발 가능성 및 노사관계 왜곡 가능성 등을 제3항의 요소들보다 우선적으로 고려

- 이는 원·하청 교섭에서 하청노동자에 관하여 교섭단위를 분리하는 경우에는 현장의 구체적 상황을 반영함으로써 교섭창구단일화 제도 및 교섭단위 분리 제도의 취지를 실질적으로 구현할 필요가 있음에 따라 이러한 취지를 적극적으로 반영할 수 있도록 한 것임

## (5) 교섭단위 분리 결정

### ① 분리 형태

○ 노동위원회는 신청취지 및 다른 당사자들의 의견, 사용자성 및 분리 필요성에 관한 자료 등을 종합적으로 검토하여, 아래의 예시를 비롯하여 다양한 형태로 교섭단위를 분리하는 결정을 할 수 있음

○ (예시①) 전체 하청노동자 집단*에서 A직무, B직무, C직무별로 분리하도록 결정 가능

* 모든 하청노동자를 의미하는 것이 아니라, 원청의 사용자성이 인정되는 하청노동자 전체를 의미

**〈예시①: 전체 하청노동자 집단에서 A,B,C 직무별 분리〉**

〈전체 하청노동자 집단〉



○ (예시②) 전체 하청노동자 집단에서 시행령 제14조의11제3항의 요소뿐만 아니라, 노동조합 간 이해관계의 공통성 또는 유사성, 다른 노동조합에 의한 이익 대표의 적절성, 교섭단위 유지 시 노동조합 간 갈등 유발 가능성 및 노사관계 왜곡 가능성 등을 고려하여 교섭단위 분리 필요성이 인정되는 경우에는 <u>A상급단체, B상급단체</u>로 분리하도록 결정 가능

**〈예시②: 전체 하청노동자 집단에서 A총연맹, B총연맹별 분리〉**

〈전체 하청노동자 집단〉



○ (예시③) 전체 하청노동자 집단에서 'a+b+c하청기업', 'd+e+f하청기업' 등 근로조건, 고용형태 등이 유사한 업체들을 묶어서 분리하는 등 <u>하청기업의 특성을 고려하여 분리</u>하도록 결정 가능

○ (기타) 위와 같은 예시 외에도 교섭단위 분리 필요성이 인정되는 경우에는 현장의 구체적 상황에 맞게 교섭단위를 합리적으로 분리 가능

## ② 교섭단위 분리 결정 이후의 절차

○ 노동위원회의 교섭단위 분리 결정은 당사자에게 송달되면 처분으로서 효력을 갖게 되며, 이에 대해 행정소송이 제기되더라도 취소가 확정되지 않는 한 그 효력이 유지되므로(노동위원회법 제17조의2제2항, 제27조제2항),

- 사용자 및 노동조합은 노동위원회의 분리 결정에 따라 분리된 단위에서 교섭창구 단일화 절차를 진행해야 함

○ 이때, 노동위원회의 분리 결정 이후 분리된 단위에서 하청노동조합이 원청사용자에게 교섭을 요구하였으나 원청사용자가 이를 공고하지 않는 경우,

- ①교섭요구 사실 공고 시정신청 절차를 통해 공고의무 유무를 판단한 후 시정을 명하고,

- ②노동위원회가 시정을 명하였음에도 원청사용자가 공고하지 않는 경우에는 지방고용노동관서 신고 등을 통해, 사용자성이 인정된 하청노동조합과의 관계에서 부당노동행위 사법처리 등을 검토

## (1) 교섭 당사자로서의 사용자성 판단 및 교섭 거부·해태 등에 대한 조치 방안

○ 교섭창구단일화 과정에서 노동위원회가 하청노동자의 근로조건 중 어느 하나라도 원청사용자의 사용자성이 인정된다고 판단한 경우,

- 원청사용자는 교섭 절차 및 교섭당사자로서의 의무를 이행해야 함

○ 하청노동조합이 원청사용자에 교섭요구, 교섭참여 신청을 하였음에도 원청사용자가 정당한 이유 없이 교섭요구사실 공고, 확정 공고 등의 절차를 미이행한 경우,

- 하청노동조합이 공고 미이행에 대해 노동위원회에 시정신청을 하여 노동위원회가 사용자성 및 공고의무 여부를 판단한 후 원청사용자에 시정명령을 할 수 있으며,

- 원청사용자가 노동위원회의 시정명령을 이행하지 않는 경우 지방고용노동관서는 이행을 지도하고, 이에 불응할 경우 시정신청한 노동조합과의 관계에서 교섭 거부·해태의 부당노동행위로 사법조치

- 만약 원청사용자가 교섭요구 사실 공고 등 교섭 절차는 이행했으나 이후 실제 교섭에서 사용자성이 인정된 교섭의제에 대해 정당한 이유 없이 응하지 않는 경우에도 위와 동일한 방향으로 조치

○ 다만 '26.3.10. 이후 하청노동조합이 원청사용자를 상대방으로 하는 교섭창구단일화 절차를 이행하지 않는 경우에는 원청 사용자를 교섭 거부·해태의 부당노동행위로 처벌할 수 없음

## (2) 교섭 과정에서 교섭 촉진 방안

○ 노동위원회가 사용자성을 인정한 근로조건 이외에 다른 근로 조건에 대해 교섭에서 교섭의제로 할지 여부는 노사자치의 원칙에 따라 노사가 자율적으로 정할 수 있음

- 하청노동조합이 사용자성이 인정되는 교섭의제를 추가 요구하고 원청사용자도 이에 동의하는 경우에는 해당 의제에 대해 단체 교섭을 진행

○ 원청사용자는 노동위원회가 사용자성을 인정한 교섭의제 및 사용 자성이 있다고 판단한 일부 교섭의제에 대해서는 교섭할 의사가 있으나, 그 외에 하청노동조합이 주장하는 교섭의제에 대해서는 교섭할지에 대해 노사의견이 불일치할 경우

- 노사의견이 불일치된 의제에 대해서는 원청사용자가 교섭에 응하지 않았다고 해서 곧바로 지방고용노동관서에서 교섭 거부·해태의 부당노동행위로 판단하기는 어려움

- 이 경우 노사는 교섭 전 미리 고용노동부의 '단체교섭 판단 지원위원회'에 지원을 요청하여, 사용자성이 인정되는 의제에 대한 의견을 토대로 노사가 교섭의제를 논의하는 것이 바람직

- 노사 간 교섭하기로 합의되지 않는 교섭의제에 대해서는 노동위원회의 부당노동행위 구제절차를 통해 노동위원회의 최종 결정에 따라 교섭의무가 있는 의제에 해당하는지 여부를 판단

# 저자 약력

- 공인노무사 이원희
  - 부산대 경제학과
  - 고려대 노동대학원 노동법학과
  - 제25회 행정고시 합격
  - 제6회 공인노무사 합격
  - 현) 국민권익위원회 노동상담위원
  - 현) 노무법인 가교 대표 공인노무사(☎ 02-2253-6033)
  - 주요 저서 : "3일 노동법(개정 11판)"(2026.1.)
  - whlee315@hanmail.net
  - 블로그 : http://blog.naver.com/whlee315

- 공인노무사 김우탁
  - 서강대 경영학과
  - 제12회 공인노무사 합격
  - 현) 노무법인 원(元) 대표 공인노무사(☎ 02-6497-1880)
  - 현) 삼일아이닷컴 노동법 칼럼위원 및 상담위원
  - 인사급여프로그램 수지라(SUJIRA) 개발이사
  - 전) 한림법학원 노동경제학 전임강사
  - 주요 저서 : "인사노무 잘하는 담당자의 비밀파일(2026년 개정판)"
  - labecono@hanmail.net
  - 블로그 : https://blog.naver.com/sujira_labor_one